MES

SOUVENIRS DU PIÉMONT.

MES SOUVENIRS

DU

PIÉMONT.

De même que l'étude et l'observation sont les besoins de l'esprit, les souvenirs sont les besoins du cœur.

D'un ouvrage inédit de l'Auteur.

LYON.

IMPRIMERIE TYPOGRAPHIQUE ET LITHOGRAPHIQUE
DE LOUIS PERRIN,
Rue d'Amboise, 6, quartier des Célestins.

1857.

A Madame

la

Marquise de Villemarine,

Dame de S. M. la reine Marie-Thérèse.

Excellente amie, le climat du Piémont nuit
à votre santé ; pour la préserver de ses inconvénients, j'ai fait quelques observations que je
crois capables de l'en garantir, et j'espère que
vous trouverez, dans cette hygiène, l'indication
de quelques précautions salutaires.

C'est pour vous que j'ai écrit, c'est à votre
indulgence que j'adresse mes souvenirs du Piémont. Ils ne sont point un ouvrage, mais les
épanchements d'un cœur sensible et des conseils

à l'amitié qui doivent être bien accueillis par elle. La critique n'atteint que ceux qui écrivent pour le public, la prudence n'est nécessaire pour donner des craintes à l'amour-propre que lorsqu'on recherche l'unanimité des suffrages.

MONPÉZAT, Marquise DE TAULIGNAN.

MES

SOUVENIRS DU PIÉMONT.

I.

MOTIFS DE MON VOYAGE EN PIÉMONT.

J'étais à Paris en 1822, et j'y éprouvais de grands chagrins. Dans l'espace de quelques mois, j'avais perdu ma mère et deux amis. L'ame abattue par l'infortune, je croyais la coupe du malheur épuisée pour moi; je me trompais. La mort du comte de Lombriasque[1], mon beau-frère, me prouva qu'il est toujours dans le cœur une nouvelle place pour la douleur, quelle que puisse être celle déjà ressentie.

Après avoir donné des larmes à un frère qui me chérissait, je crus devoir chercher à adoucir celles de sa veuve.

Elle m'avait écrit qu'elle partait pour le Piémont, avec la résolution de s'y fixer, et que je mettrais le comble à ses vœux si j'allais la joindre. Dans plusieurs de ses lettres elle me disait : « Nos cœurs sont affligés, nous avons « besoin d'être ensemble..... » Je pensai que notre réunion rendrait ses peines moins vives, et je lui annonçai ma prochaine arrivée à Turin.

II.

MON VOYAGE.

En partant de Paris j'y laissai une sœur[2] que j'aime. Nos soins avaient été communs

---

[1] M. le comte Ponte de Lombriasque, décédé à Lyon, le 8 mars 1822.

[2] Madame la comtesse de Redern.

auprès d'une mère expirante; notre attachement, s'il eût été possible, se serait accru par
cette circonstance et par le malheur qui nous
avait frappées du même coup.

Je la quittai à regret; pour en avoir le courage, j'eus besoin de penser que c'était une
sœur que j'allais retrouver, et que je lui devais
des consolations.

L'objet de mon voyage m'occupait pendant
ma route. Parvenue aux frontières, je ne vis pas
sans émotion les armes de la France dont je
m'éloignais. Lorsqu'on sort de sa patrie, plein
de santé, de bonheur, l'espoir d'y rentrer ne
paraît point incertain; mais quand l'ame est
attristée, le corps affaibli, cet adieu donné à la
patrie, peut être le dernier, le courage manque
pour le prononcer; on le remplace par un
soupir, et ce fut en l'exhalant que je passai le
pont de Beauvoisin.

Je traversai la Savoie : l'urbanité et la bonté
caractérisent ses habitants. En quittant Lans-
le-Bourg, je commençai à monter le Mont-
Cénis; ayant atteint son plateau, mes yeux se
fixèrent sur le lac. J'entrai un moment dans
l'église des Religieux, et je continuai ma route.

En descendant le Mont-Cénis, un spectacle
magnifique s'offrit à mes regards; des précipices

d'une profondeur effrayante me séparaient des montagnes; des nuées se jouaient dans l'espace, elles paraissaient sortir des cavités des monts, et y rentrer tour à tour; tantôt elles s'élevaient jusqu'à leurs cimes, et tantôt s'en détachaient pour se perdre dans l'immensité des airs : à chaque instant les tableaux et le paysage étaient variés. J'en admirais tous les effets, mais bientôt ces nuées s'augmentèrent, s'élargirent, gagnèrent le chemin que je suivais, et ce ne fut pas sans avoir couru des dangers que j'arrivai à Suze. J'y trouvai un des gens de ma sœur, chargé par elle de lui donner la nouvelle de mon passage du Mont-Cénis; il courut la lui apprendre, elle vint au devant de moi, nos voitures se rencontrèrent à Rivoli; je jetai mes regards dans la sienne, la place vide que j'y aperçus, les crêpes qui l'entouraient elle-même me causèrent un saisissement universel. Cette réunion si désirée ne fut plus en ce moment qu'un bonheur troublé par des regrets amers ! Je cherchai des consolations en me précipitant dans les bras de ma sœur, nous confondîmes nos larmes dans nos embrassements, et nous prîmes la route de Turin. En entrant dans son hôtel, je vis une dame s'élancer au devant de nous, tout en elle exprimait l'empressement et la joie ; sa vivacité ne lui permit pas de me laisser descendre de la voiture, elle m'en arracha, me prit par le bras, me fit monter rapidement l'escalier, et me conduisit au salon. Nous éprouvâmes l'une pour l'autre un attrait spontané et irrésistible, nous étions déjà comme d'anciennes amies..... Il ne me fallut qu'un moment pour juger Madame la marquise de Villemarine (car c'était elle), sa franchise exprime au même instant sa pensée, et ses pensées partent toutes de son cœur. Son ame noble et généreuse ne s'est jamais trompée dans ses inspirations, aussi ce premier sentiment a-t-il pris plus de force pendant mon séjour en Piémont. Si la nature pouvait commettre une erreur, c'en serait une de nous avoir fait naître en des lieux différents[1], nous étions formées pour vivre toujours ensemble, et les Alpes qui nous séparent n'empêcheront pas nos cœurs d'être toujours unis.

---

[1] Madame la marquise de Villemarine est née en Sardaigne. Sa place de Dame de S. M. la reine Marie-Thérèse a fixé sa résidence à Turin.

III.

PREMIER SÉJOUR A TURIN.

La pluie tomba à Turin par torrents les premiers jours de mon arrivée; elle m'incommodait par l'humidité qu'elle procurait; mais je ne regrettais point de ne pouvoir sortir; la situation de mon ame et de mon esprit m'inspiraient peu le désir de rechercher les plaisirs et d'en profiter. D'ailleurs ma sœur, rigide observatrice des devoirs qu'impose le deuil, recevait peu de monde, et ne devait même faire de visites qu'après l'année révolue. Sa société n'était composée que de quelques amis; ils me firent l'accueil le plus flatteur, et du moment où commença la connaissance, l'intimité s'établit. Le marquis de Boyl fut le premier à savoir mon arrivée, et à venir en féliciter ma sœur. Né en Sardaigne, il avait le cœur, la vivacité et la franchise qui caractérisent sa nation. Après cet éloge, il reste peu de choses à dire. Cependant en parlant du marquis de Boyl, on peut ajouter qu'il réunissait infiniment d'esprit à beaucoup d'instruction; sa conversation était vive et enjouée dans la société, mais il savait lui donner

une teinte plus grave s'il s'agissait d'objets essen-
tiels. Nous causâmes long temps ensemble, il
parut trouver que ce n'était pas assez, et pré-
sumant que ma sœur ne pourrait de quelques
mois me faire voir ce qu'il y avait de curieux à
Turin, il m'offrit de prendre ce soin lui-même :
« La cour est absente, ajouta-t-il, c'est le mo-
« ment le plus favorable pour connaitre tout
« le palais du Roi, si vous le permettez j'aurai
« l'honneur de vous y conduire le premier jour
« de beau temps ». J'acceptai sa proposition.

IV.

PALAIS ROYAL.

La pluie avait cessé, et au même instant où
les rayons du soleil chassaient les nuages, le
marquis de Boyl s'offrant à mes regards, me
prouva, par son empressement, le désir qu'il
avait de remplir l'engagement qu'il avait pris :
« Le temps est beau, vous devriez en profiter
« pour connaitre les dehors de la ville, nous
« pourrions après nous rendre au Palais Royal.
« — Volontiers, les femmes sont curieuses,
« et de plus, cette promenade prolongera pour

« moi l'entretien d'un homme aimable ». Sortis
de la ville, nous nous occupions moins de ce
qu'elle était, que de tout ce qui s'y était passé.
Les siéges qu'elle avait eu à soutenir, la position
des troupes, les secours donnés par le prince
Eugène, le vœu auquel est dû l'érection de la
Soperga, furent des sujets de conversation qui
n'étaient point encore épuisés lorsque nous arrivâmes au Palais[1]. Je le parcourus dans son
entier, le trouvai beau, et m'y occupai longtemps de la riche collection de tableaux qu'on
y voit.

En retournant chez moi, le marquis de Boyl
me dit : « Les beaux jours sont rares dans ce
pays, il faut en profiter quand il y en a, je vous
engage à voir la foire de Montcalier, c'en est le
jour, toute la bonne compagnie de Turin s'y
rend. C'est une folie ! si vous voulez la partager, je viendrai vous prendre avec ma fille, et
nous irons tous trois ensemble. —L'occasion la
plus prompte d'avoir l'honneur de faire connais-

---

[1] On trouve à Turin un ouvrage écrit en français,
qui donne l'indication et l'explication de tous les
monuments remarquables qui existent dans cette
ville et ses environs. Je m'abstiens d'après cela de
tout détail à ce sujet dans la crainte qu'on y voie
l'apparence d'un plagiat.

sance avec Madame votre fille est pour moi celle de préférence. — Nous irons donc à la foire ». Effectivement, deux heures après, il me présenta Madame sa fille, jeune femme très intéressante, et nous partîmes pour Montcalier.

V.

FOIRE DE MONTCALIER.

La route qui conduit de Turin à Montcalier est des plus agréables. On cotoie le Pô à sa droite, la colline de Turin à sa gauche, et les regards peuvent à volonté s'étendre sur ce fleuve majestueux ou se fixer sur des sites enchanteurs! L'affluence des voitures était considérable, l'empressement paraissait général pour se rendre à la foire. Quand nous arrivâmes, la plus brillante société de Turin était déjà à Montcalier. Je cherchais ce qui avait pu l'y attirer, et je n'en trouvais point d'autre motif que le désir de s'y rencontrer, de s'y faire voir et de suivre la mode : tous ces attraits n'en étaient pas pour moi. Le marquis de Boyl, dont la pénétration était grande, s'en aperçut et me dit : « Vous avez vu ici tout ce qu'il y a à voir; si la cohue vous fatigue, nous pourrions profiter de la proximité pour aller au château[1]. Quittons les hochets de la foire et allons visiter la demeure des Rois ».

VI.

CHATEAU DE MONTCALIER[2].

Le château de Montcalier est très agréablement situé, la vue en est magnifique, l'air qu'on y respire excellent. Dans l'intérieur, des galeries d'une étendue immense sont ce qu'il y a de plus remarquable; en les parcourant, je m'arrêtai pour examiner avec attention les portraits des ducs de Savoie qui s'y trouvent; c'est dans leurs goûts belliqueux, pensai-je, que le roi Victor Emmanuel a puisé son profond attachement pour les troupes, attachement si vrai, qu'il eût dû être payé par une fidélité à toute épreuve..... Dans peu de jours, me dis-je, ce

---

[1] Il ne se trouvait alors au château de Montcalier que les personnes préposées à sa garde.

[2] Le château de Montcalier est la résidence que le roi Victor Emmanuel se réserva lors de son abdication. Montcalier n'est qu'à la distance de trois milles de Turin.

château sera habité par une reine dont le nom [1]
rappelle de si grands souvenirs, dont l'esprit
et les graces sont généralement reconnus; près
d'elle seront ces princesses charmantes dont
l'éducation répond si bien aux connaissances
étendues de leur mère... Vicissitudes humaines!
vous atteignez donc même jusqu'à la grandeur.

VII.

THÉATRE CARIGNAN.

En partant de Montcalier, je dis au marquis
de Boyl: «Voilà une journée bien remplie, elle
pourrait cependant l'être davantage, si vous
vouliez, ainsi que Madame votre fille, m'accompagner au spectacle, j'ai pour ce soir la clé
d'une loge. — Il y a bien longtemps que je ne
vais plus au spectacle, mais j'aime à faire pour
vous une chose que je refuserais à tout autre».
Nous fûmes en droiture au théâtre Carignan :
la salle est fort jolie, d'une coupe bien prise;
on voit et l'on entend bien de toutes les loges.
On donnait l'opéra de *Lagnèse*, la musique en

----

[1] Marie-Thérèse.

est très agréable et fut exécutée avec beaucoup d'ensemble. Un acteur faisait un rôle d'insensé, je le remarquai par l'excellence de son jeu, la beauté de sa voix et la bonne méthode de son chant ; je demandai son nom, on me dit qu'il s'appelait *Lablache* et qu'il était français. Je fus charmée de voir qu'un compatriote était parvenu à réunir la supériorité du jeu français à la supériorité du chant italien.

VIII.

DÉPART DE TURIN POUR LOMBRIASQUE.

J'avais bien fait de profiter du premier jour de beau temps, il fut le seul ; pendant une semaine que je restai à Turin, la pluie ne cessa plus, ma sœur n'y était venue que pour m'y recevoir. Ses affaires la rappelant à Lombriasque, nous fîmes nos adieux à ceux qui nous avaient constamment visitées, en prenant l'engagement de venir les retrouver dans le courant de l'hiver. Plusieurs nous dirent qu'ils viendraient nous voir et le marquis de Boyl, à qui les occupations de sa place ne laissaient point la liberté de ses moments, m'assura cependant qu'il ne serait pas longtemps sans venir me demander de mes

nouvelles. Sa promesse me fut agréable, elle
me faisait espérer que je pourrais lui rendre à
la campagne toutes les attentions qu'il avait eues
pour moi à la ville. La marquise de Villemarine
et son époux ne voulurent point s'en tenir à de
simples visites, ils nous accompagnèrent à Lombriasque avec le projet d'y rester aussi longtemps que nous. Cette résolution me fit un
grand plaisir, elle fixait auprès de moi une amie
et un homme qui possède toutes les qualités
qui constituent la vraie bonté.

IX.

PRÉFÉRENCE DONNÉE A LA VILLE SUR LA CAMPAGNE.

Depuis mon enfance j'ai peu habité la campagne, elle ne convient ni à mes goûts, ni à
mes habitudes. Quand j'ai parcouru les sites qui
m'entourent, les voir toujours me paraît mo-
notone; mon imagination a besoin de scènes
variées. Je laisse au naturaliste le plaisir de
chercher dans les champs les insectes qui doivent rendre ses collections plus complètes; au
botaniste, le bonheur d'y cueillir des fleurs
d'en examiner les pétales, le calice, les éta-

mines; le soin de classer les plantes dans leurs genres, leurs espèces, leurs familles, est pour lui une jouissance : les miennes sont plus complètes à la ville.

Si tous les objets que la nature présente à nos regards sont des sujets inépuisables de méditations pour le naturaliste et le savant, ce n'est que dans le sein des cités que ces éléments de toutes les sciences sont approfondis et mieux connus, sous tous les rapports, par la comparaison de tous ces objets et l'échange réciproque des réflexions dont chaque observateur vient offrir le tribut. C'est là qu'est vraiment le foyer des lumières; l'amateur des sciences et des arts n'y manque d'aucune des ressources qui peuvent satisfaire le désir de l'instruction. Elle s'y communique de toute part, et quelque grande que soit la facilité de l'acquérir que l'on doit aux personnes qui la répandent, il est permis de dire encore que le choix même de la société y participe; et les plaisirs qu'elle procure ne sont éphémères que lorsqu'on en laisse la composition au hasard, mais combien est douce et profitable celle d'hommes instruits: chacune de leurs paroles exprime, pour ainsi dire, une pensée; chaque phrase rappelle ou laisse un souvenir. Dans ces entretiens le savoir qui se trahit, l'éloquence qui s'échappe, ont bien plus de charmes que lorsqu'ils découlent de la chaire. Ils sont dépouillés de l'emphase qui y devient souvent nécessaire, et qui leur est parfois nuisible. Voilà ce qui me fait donner la préférence à la ville sur la campagne, où l'on ne pourrait trouver d'aussi grands avantages, ni former de semblables réunions. En ayant connu tout le prix par mon expérience, je ne me sentirais pas le courage d'y renoncer.

J'aime la campagne comme délassement, elle me plaît et m'intéresse pendant quelques instants de la belle saison; mais lorsque j'y prolonge mon séjour, c'est que ma santé l'exige ou qu'un sentiment vrai me retient.

X.

LOMBRIASQUE.

Lombriasque est à dix milles de Turin. La route est belle et a, pour le pays, le rare avantage de n'avoir aucun bac à passer. Ce bourg est situé dans une plaine fertile; on y compte 1600 habitants; le nombre en était de 2000 mais une épidémie survenue en 1630, causa une grande mortalité, et la population qu'elle diminua beaucoup, n'a pas encore pu réparer ses pertes. Heureusement ce fléau ne s'est pas renouvelé depuis. Les maisons de Lombriasque sont toutes commodes et bien bâties. Les rues sont larges, belles et d'une grande propreté. Deux églises y servent de lieux de réunion aux fidèles.

Le château est placé de manière à jouir des commodités du bourg, sans en éprouver aucun des désagréments; il a été réparé et distribué à la moderne[1]. Les appartements en sont beaux et agréables, leur exposition est au levant; au midi et au couchant, des parterres, des jardins, des allées, des bosquets et un parc, offrent l'aspect le plus riant; la vue se prolonge sur la plaine, dans laquelle le Pô vient encore embellir le paysage : il n'est pas assez voisin des habitations pour les envelopper de ses brouillards. Le terrain de Lombriasque est plus sablonneux qu'humide, l'air y est vif et salubre. On s'y trouve de cinq à six lieues plus rapproché des montagnes qu'à Turin.

Le château de Lombriasque et ses dépen-

----

[1] Par M. le comte Ponte de Lombriasque, mon beau-frère.

dances, gagnent tous les jours en embellissements. Leur propriétaire actuel[1] fait ses délices
de cette habitation et veut en faire son Élysée.
Elle abandonne la ville pour ne s'occuper que
de travaux champêtres, et elle y consacre neuf
mois de l'année. Ce séjour pour être agréable
n'aurait pas besoin de tant de soins, mais il
est bien certain cependant qu'ils contribueront
à rendre Lombriasque une des plus belles terres
du Piémont.

XI.

EMPLOI DE MES JOURNÉES A LOMBRIASQUE.

L'emploi de mes moments est pour moi une
grande affaire. Je regrette une minute perdue,
si elle eut pu être mieux employée. *Les journées
sont longues à la campagne,* dit-on ; mais quand
on dîne à deux heures, cette longueur de temps
profite peu pour se recueillir. La société remplit
tout l'espace pour ceux qui, se couchant tard,
ne peuvent se lever matin. Ne m'endormant

---

[1] Madame la comtesse Ponte de Lombriasque, née
Montpézat, ma sœur.

qu'à deux heures, ne m'éveillant qu'à dix, ma toilette achevée, à peine trouvais-je le moment de faire une petite promenade. Quand le temps le permettait, j'allais au jardin avec le marquis de Villemarine ; il me donnait des notions sur la Sardaigne et le Piémont. Après dîner s'établissait entre la marquise et moi une conversation qui avait le charme de l'abandon et de la confiance. Nous ne parlions que la langue italienne, et les fautes que je faisais, sans doute, ne l'empêchait pas de me comprendre. Quand le cœur et l'âme sont d'intelligence, la pensée n'a pas toujours besoin d'être exprimée pour être connue. Ma belle amie donnait des heures à de pieuses méditations. Pendant le temps où elle s'y livrait, l'extrême obligeance de M. Ottand me mettait à même de prendre des leçons de chant ; la musique italienne a toujours eu pour moi beaucoup de charmes, et les talents et la patience du maître semblaient devoir garantir mes progrès. Dans la soirée on faisait des parties de billard ; c'est un jeu que j'avais toujours négligé, l'occasion me parût favorable pour en connaître du moins les principes ; je terminais mes journées en prenant quelques leçons. Ajoutant ainsi au plaisir d'être avec une sœur que j'aime, l'avantage de ne pas renoncer entièrement à l'étude. Toutes les fois qu'on apprend une chose qu'on ignore, quelle qu'elle soit, le temps a été mis à profit, et l'on n'a point à se reprocher d'en avoir fait la perte irréparable.

XII.

LE BAPTÊME.

Une femme, délaissée par son mari, devait mettre au monde le fruit d'une union peu fortunée. Accueillie chez ma sœur, elle fit ses couches au château. Les douleurs de son enfantement furent soulagées par la présence des trois amies qui passèrent la nuit auprès d'elle ; je me rappelle que j'aidai la sage-femme du village à recevoir l'enfant. La marquise de Villemarine, toujours bonne et compatissante, voulut être sa marraine : c'était lui assurer une protectrice, faire une action digne d'elle. Le baptême se fit à l'église de Lombriasque, en grande cérémonie. Le soir, le parrain et tout le clergé furent invités au château. La gaîté présida au festin, le contentement de soi-même et celui des autres l'inspirent. Il y a peu de fêtes en Piémont sans improvisation, mais celle-là, comme on le pense bien, ayant été impromptu, nous n'eûmes point d'improvisateurs. Cette disette inspira à ma sœur l'idée de me demander quelques couplets. Je ne savais pas assez l'italien pour me servir de cette langue, la mienne n'était point propre à l'improvisation. Cependant voulant au moins avoir le mérite de la bonne volonté, sans me donner le temps de la réflexion, je chantai les couplets suivants en m'adressant à la marraine, et je ne les rappelle ici, que pour ne point m'écarter de l'exactitude que je me suis promise de mettre dans mes souvenirs.

Air : Du vaudeville de la Partie Carrée.

Du nouveau né tu plaignis la misère,
Tu ne voyais en lui qu'un orphelin,
Mais pour combler tous les vœux d'une mère
Par tes bontés tu changes son destin.
Il est des cœurs dont la loi fut commune,
Le mien sentit toujours comme le tien,
Ah! qu'il est doux quand on voit l'infortune
  D'en être le soutien.   *(Bis.)*

Célébrons tous, en ce jour d'allégresse,
La charité, l'humanité, la foi,
Dons précieux qu'en sa vive tendresse
Dieu nous offrit et réserva pour toi.

De tes vertus ils sont la récompense,
D'un tendre époux elles font le bonheur,
A tes amis il manque sa présence '
    Pour compléter le leur.   *(Bis.)*

Si de mes vers un critique sévère
En souriant estimait la valeur,
Je lui dirais que d'un cœur plus sincère
Ne fut jamais inspiré nul auteur.
Le sentiment ne cherche point à plaire,
Il s'abandonne et se peint sans détour,
Tel à nos yeux se répand la lumière,
    Au milieu d'un beau jour.   *(Bis.)*

La société fut indulgente, on me tint compte de ma complaisance, on y applaudit, et je m'estimai heureuse d'avoir contribué aux amusements de la soirée, sans calculer si c'était aux dépens de mon amour-propre.

' Le marquis de Villemarine était retenu à Turin par son service de gentilhomme de la chambre de S. M. le roi de Sardaigne.

XIII.

CHATEAU DE RACONIS.

J'avais souvent entendu parler avec enthou-siasme du parc de Raconis. On m'assurait que rien en France ne pouvait m'en donner l'idée, et l'on m'en avait fait une si jolie description, que j'étais fort curieuse de le connaître par moi-même, je fus à Raconis. Après avoir vu le château qui est fort agréable, je m'empressai d'aller dans le parc; on venait de le mettre à l'anglaise. Il est beau et bien dessiné, mais pour me plaire, il eut fallu le voir à une autre place et qu'il ne m'eût causé aucun regret. Je tiens aux souvenirs..... Ils sont tout pour le cœur, la mode qui les détruit n'a pour moi aucun charme. Les plus jolis arbustes ne valent point l'arbre existant depuis des siècles, et dont l'om-brage a été également propice à la vieillesse et à l'enfance. Quelques arbres existaient encore, mais ils étaient marqués pour être enlevés. La hache meurtrière les abattait à mes pieds. Je sortis du parc, et partis de Raconis avec un sentiment pénible.

XIV.

RETOUR A TURIN.

La neige tombait en abondance ; il fallut abandonner la campagne et retourner à la ville. La marquise et son mari nous y précédèrent, nous les suivîmes de près. Dès que je fus à Turin, j'envoyai savoir des nouvelles du marquis de Boyl[1] et lui donner celle de mon arrivée ; il me manda qu'il était en pleine convalescence, et que, dès que ses forces le lui permettraient, il viendrait me remercier de la part que j'avais prise à sa maladie. Peu de jours après, je reçus sa visite. Je sors, me dit-il, de l'église Saint-Jean, où j'ai été attendre Sa Majesté qui devait s'y rendre. La cérémonie terminée, je n'ai pas perdu un seul instant pour venir vous présenter mes hommages ; me voilà encore en habit habillé. Je n'avais pas besoin qu'il m'en fît faire la remarque, car en le voyant avec une mise si peu analogue à la position de

---

[1] M. le marquis de Boyl avait été bien malade pendant mon séjour à Lombriasque.

sa santé, j'avais frémi de son imprudence, et lorsqu'il m'apprit qu'il venait de faire une longue séance à Saint-Jean, j'eus le pressentiment fâcheux qu'elle lui deviendrait funeste. Comment avez-vous pu, m'écriai-je, braver si tôt la rigueur de la saison, dans une église aussi froide, et dans un état de convalescence si peu avancée ! C'est une véritable témérité. — C'était mon devoir. — Le devoir a toujours les bornes de l'impuissance physique : Sa Majesté est d'ailleurs si bonne que ce serait pour elle un sujet de peine, si elle savait que vous avez risqué votre vie, pour lui montrer votre empressement. C'est en lui conservant un sujet zélé et fidèle, que vous lui auriez encore mieux prouvé votre attachement et votre respect. La chose étant faite, je n'en dis pas davantage. Je craignis de lui faire partager mon effroi, et me contentai d'insister pour qu'il se ménageât beaucoup jusqu'à la belle saison. La conversation roula sur divers objets ; en me quittant, il m'assura qu'il viendrait souvent me voir. Mais, hélas ! il ne pouvait plus en former que le projet ; mes pressentiments se réalisèrent, il rechuta, et sa maladie ne se termina que par sa mort. Je lui donnai des regrets bien sincères, et je gémis de l'imprévoyance qui hâta la fin de

sa carrière. Le roi perdit en M. le marquis de
Boyl, un sujet dévoué ; l'ordre de St-Maurice,
un chef distingué, et la société, un homme aimable. Je conserverai toujours le souvenir de
l'intérêt qu'il n'a cessé de me témoigner jusqu'à
son dernier soupir.

XV.

PRÉSENTATION A LA COUR.

Lorsqu'un étranger arrive dans une capitale,
et qu'il doit y séjourner quelque temps, il est,
pour ainsi dire indispensable qu'il se fasse présenter à la cour, s'il est fait pour y être admis.
Je comptais me conformer à cet usage avec
d'autant plus d'empressement que les liens de
parenté qui unissent plus particulièrement la
cour de France et celle de Sardaigne me rendaient plus précieux encore l'honneur d'être
présentée à cette dernière ; d'ailleurs, dans divers temps, plusieurs de mes parents[1] y avaient
été bien accueillis.

---

[1] Entr'autres le prince de Galéan, mon oncle et
ma sœur la comtesse Ponte de Lombriasque.

A mon arrivée de France, la cour étant absente de Turin, je partis de cette ville pour Lombriasque, remettant l'époque de ma présentation à celle de mon retour; mais il n'eut lieu que dans une saison très rigoureuse. Le froid et l'humidité me saisirent, j'eus une fièvre catarrhale, elle me rendit souffrante tout l'hiver, et me mit, pendant tout le temps que je demeurai en Piémont, dans l'impossibilité d'exécuter le projet que j'avais formé. Il fallut ne m'occuper que de ma santé, et m'interdire principalement tous les plaisirs exigeant une mise d'étiquette, qui aurait pu me les rendre fatals. Ce fut avec regret que je m'y résignai, formant cependant le vœu d'éprouver moins de contrariétés et de privations si je faisais jamais un second voyage en Piémont.

XVI.

SOCIÉTÉ DE TURIN.

Une capitale offre toujours plus de ressources pour la société qu'une autre ville, fût-elle même plus considérable. La résidence de la cour donne plusieurs occasions d'y paraître. La présence d'un corps diplomatique augmente dans toutes les réunions le nombre de personnes instruites et distinguées, qu'on est bien aise d'y rencontrer.

La société de Turin a, de plus, beaucoup de variété par les éléments qui la composent. Elle est formée de Piémontais, de Savoyards, de Sardes, de Nissarts et de Génois. Ces nations, quoique obéissant toutes au même souverain, ne diffèrent pas moins de caractère, d'esprit et d'humeur que de langage. L'étranger, placé au milieu d'un cercle, peut à loisir faire ses remarques sur les oppositions qui existent entre ceux qu'un même gouvernement unit, bien plus que sous tous les autres rapports. Toutes ces nuances donnent du piquant à la société; pour mon compte, je les préfère à la monotonie d'un même genre et d'un même esprit.

Beaucoup de Piémontais épousent des Françaises, je pense que la plus parfaite union doit résulter de ces mariages; car toutes les veuves que j'ai vues à Turin, favorablement traitées par les dispositions testamentaires de leurs maris, étaient Françaises : ce qui m'a paru la meilleure preuve des jours fortunés qu'ils ont passés avec elles.

L'usage, en Piémont, est de laisser très peu aux veuves. La femme qui a joui de la plus

belle existence, pendant la vie de son époux,
se trouve réduite à une modique pension, si
elle a le malheur de le perdre. A l'âge où toutes
les ressources pécuniaires lui deviennent nécessaires, elle est obligée de renoncer à ses habitudes devenues comme des besoins pour elle,
tandis que son fils aîné, héritier, jouit d'une
aisance qu'il serait plus juste de laisser en apa-
nage à la vieillesse, pour qui elle ne peut jamais
être un dédommagement équivalent aux prospé-
rités du bel âge. Sur les côtes du Malabar on
brûle les veuves sur la tombe de leurs maris;
en Piémont, on ne fait que leur imposer la re-
traite à laquelle les condamne la médiocrité de
la fortune qui leur reste.

XVII.

LA NOVICE.

Une demoiselle bien née devait prendre le
voile blanc. Je reçus une invitation et me rendis à l'église avec l'émotion que donne aux
gens du monde la résolution d'y renoncer. Le
maintien de la novice annonçait une détermi-
nation ferme; si elle eut pu éprouver de l'hési-
tation et concevoir des craintes sur les rigueurs

et les ennuis du cloître, la seule vue du digne
prélat[1] qui la recevait aurait suffi pour la ras-
surer et détruire toutes ses appréhensions.

Un artiste habile, qui voudrait rendre les
traits et l'attitude d'un bienheureux, ne pourrait avoir de meilleur modèle que monseigneur
l'Archevêque de Turin. L'ensemble de sa physionomie et de ses traits sont d'une douceur et
d'un calme parfait! On dirait que son ame jouit
déjà du bonheur céleste : on en trouve en lui
toute l'expression! Quand il assiste à une cérémonie, sa présence la rend plus solennelle,
moins encore par son titre que par son aspect;
il donne un élan plus rapide aux sentiments de
respect religieux qu'on doit éprouver dans les
saints lieux. Après la réception de la novice, je
le vis au parloir, et je trouvai, là comme chez
lui, que son éminente piété n'excluait pas son
amabilité; elle prend la teinte de ses mœurs,
de sa bonté, et n'en a que plus de charme; il a
de l'esprit, des connaissances, parle plusieurs
langues; enfin il est, pour la capitale, un sujet

---

[1] Monseigneur l'archevêque de Turin, avant d'être
élevé à cette dignité appartenait à un ordre religieux.

continuel d'édification, et pour son nombreux
clergé, une source inépuisable de bons exemples.

Nota. Si le clergé de Turin est glorieux d'a-
voir pour chef un prélat d'une vertu aussi éminente que celle de son Archevêque, celui-ci
doit être bien satisfait de compter, parmi ceux
qui sont associés à ses travaux apostoliques,
des hommes d'un mérite vrai. J'en connais plusieurs sur lesquels il est impossible de tarir
d'éloges, si l'on veut leur donner tous ceux que
leur conduite inspire.

La paroisse de Sainte-Marie a, dans ce moment, un curé rempli de zèle et d'un dévoûment absolu pour les devoirs de son état. Il
en passe même les bornes, en employant
son patrimoine aux besoins de son église et
des pauvres de sa paroisse; son instruction est
grande, son esprit vif et pénétrant : il possède
vraiment les vertus évangéliques; sa morale est
aussi douce que ses préceptes. Je lui en faisais
un jour l'observation : *La religion a été instituée
pour les hommes et non pour les anges ; il ne
faut exiger que ce qu'il est possible d'obtenir.*
La raison et la charité se font également admirer dans cette réponse.

M. le curé de Sainte-Thérèse est remarquable par ses connaissances et son éloquence pour la chaire. Il est infatigable pour faire le bien, et sa modestie égale ses talents. En causant avec lui, voyant sa haute taille et sa figure qui eût été martiale, s'il avait pris le parti des armes, je dis : « Mais, M. le curé, comment n'avez-vous pas, étant jeune, préféré le séjour des camps à celui du cloître ¹, vous eussiez fait un superbe général d'armée ! — *Je ne me suis pas senti, Madame, assez de courage pour être militaire, le cloître convenait bien plus à ma timidité* ». Je ne fus point la dupe du subterfuge que son humilité lui suggérait pour sauver son amour-propre. M. le prévôt de Carignan, par sa belle conduite à Suze, pendant tous les temps orageux de la révolution, a mérité le poste éminent qu'il occupe actuellement et qu'il remplit avec la plus grande distinction.

Généralement, tout le clergé de Turin et du Piémont est digne de louanges : aussi la piété y est grande ! La cour en donne l'exemple, et il est suivi par toutes les classes.

---

¹ **M. le curé de Sainte-Thérèse est religieux de l'ordre dont sa paroisse porte le nom.

J'ai toujours eu une prédilection pour le clergé italien ; *il inspire* la religion et ne *l'impose* pas. Loin de se retrancher derrière des dogmes inflexibles, inexorables, la politique sage et éclairée de la cour de Rome aplanit toutes les difficultés. Fidèle aux instructions des apôtres, elle n'oublie point que c'est dans les institutions qu'ils nous ont laissées, et le livre immortel de ses évangélistes, que les martyrs ont puisé le courage de supporter leurs souffrances, et la foi qui leur en promettait la récompense. La théologie est la même pour toute l'église apostolique et romaine, mais ses applications peuvent être plus ou moins sévères, mieux ou plus mal entendues. Le clergé italien a, ce me semble, choisi la meilleure méthode de toutes. *Attirer* et non *repousser* : telle est, je crois, la mission de nos nouveaux apôtres, comme elle fut celle que Notre Seigneur Jésus-Christ donna aux siens.

XVIII.

VOYAGE A LOMBRIASQUE.

Un devoir cher et sacré pour nos cœurs nous rappelait à Lombriasque ; ma sœur devait y faire célébrer l'anniversaire de la mort de son mari, elle désirait donner à cette cérémonie religieuse la pompe due au rang de celui qui en était l'objet. C'est un hommage offert à la mémoire de ceux qui n'existent plus ; tout être sensible y trouve une consolation. A la ville, dans ces tristes circonstances, un ordre donné suffit pour qu'il soit exécuté ; à la campagne, tout devient difficile, chaque chose présente un obstacle ; il faut les vaincre, et pour cela, la présence devient indispensable. Ma sœur voulut se rendre à Lombriasque plusieurs jours avant celui de l'anniversaire. Je m'opposai à ce qu'elle partît seule et je l'accompagnai. Le froid était très rigoureux : la neige couvrait encore les montagnes et la plaine, les chemins en étaient encombrés, elle rendait la route pénible et dangereuse : ces obstacles ne nous arrêtèrent pas ; je puis affirmer que je m'y complaisais. La nature ne décelant aucune espèce de végétation, l'absence de l'astre qui la vivifie, le temps nébuleux qui le remplaçait, étaient bien plus en harmonie avec la position de mon ame que tout ce qui eût rappelé l'existence et le bonheur de la vie. Quand on pleure la mort d'un être cher, on devient barbare ; tout ce qui parait destruction, anéantissement, soulage ; on voudrait n'avoir point à regretter l'avenir, pour ceux qui n'ont plus la faculté d'en jouir.

Les difficultés de la route vaincues, toutes les sensations pénibles ne pouvaient cesser. La vue du château, ses grands appartements, pour ainsi dire déserts, semblaient me rappeler que celui qui les avait embellis ne devait plus les habiter. Ce souvenir pourtant n'était point effacé, mais ils m'en rendirent toute l'amertume.

XIX.

VEILLE DE L'ANNIVERSAIRE.

La nuit commençait à répandre ses ombres, les ténèbres allaient succéder à la clarté du jour; une cloche se fait entendre, ses vibrations frappent mon oreille et retentissent dans mon cœur : elle annonce l'anniversaire qui doit avoir lieu le lendemain. Déjà j'étais entourée du clergé nombreux qui devait le célébrer, de la famille venue pour y assister : leur aspect m'avait émue, mais le son funèbre de l'airain qui apprend ou rappelle un décès, inspire le frémissement de la terreur; il semble redire aux hommes cette vérité cruelle, *que chaque pas dans la vie est un pas vers la mort.* Cette pensée détruit toute sécurité, anéantit toute espérance....... Elle ne

présente que des tombeaux..... et la crainte de
s'y voir précéder par ceux qu'on aime abreuve
d'amertume une vie qui n'est déjà que trop
passagère.

XX.

ANNIVERSAIRE.

Avant l'aurore, une foule immense assiége
les portes de l'église. Les habitants de Lombriasque savent qu'on doit y prier pour celui
qui fut toujours leur père; le souvenir de sa
touchante humanité, des bienfaits qu'ils en ont
reçus, excite leur regret et leur zèle. Le jour ne
paraît point encore, cependant les messes com-
mencent; trente-six prêtres se succèdent pour
offrir le saint sacrifice en mémoire du défunt;
l'église ne désemplit pas, l'empressement est
général. La dernière messe est célébrée par le
prévôt de Carignan, tout le clergé l'assiste, elle
devient plus solennelle par la musique du
Maestro Ottani; les musiciens de la chapelle du
Roi l'exécutent, et la voix sonore et touchante
de M. Testaris rend, avec méthode et précision,
les chants du grand compositeur, où tout dé-
cèle le vrai talent et la sensibilité de l'ame.

Après la dernière messe, l'éloquence eut le droit de jeter quelques fleurs sur la tombe de celui dont les vertus, les lumières et les talents réclamaient d'elle quelques souvenirs. Ce fût le prévôt de Lombriasque qui prononça l'oraison funèbre; les vérités qu'il rappela parurent aussi bien appréciées par son esprit que senties par son cœur. Son discours terminé, chacune des confréries se succéda pour porter l'offrande de ses vœux et de ses prières autour du catafalque; leurs chants se faisaient encore entendre à la nuit; au moment où elles allaient se retirer pour laisser fermer l'église, une foule de pauvres y arrive, ils sont des environs, n'ont su que très tard la cérémonie, et viennent en toute hâte pour mêler leurs larmes et leurs prières à celles des habitants; cet hommage était bien dû à la mémoire de celui qui constamment fut le bienfaiteur des pauvres. Il termina les exercices de piété d'une journée qui y fut entièrement consacrée.

XXI.

RETOUR.

Nous partîmes de Lombriasque quelques jours après l'anniversaire. Cette distisraction m'était nécessaire; j'avais besoin d'habiter d'autres lieux que ceux qui venaient d'être témoins de tant de regrets; ils avaient renouvelé tous les miens.

De retour à Turin, ma sœur y rendit de nombreuses visites. Je me contentai d'en faire quelques-unes indispensables, et que le mauvais état de ma santé m'avait forcée de différer jusqu'alors. Nous recevions souvent celle de M. le comte de Ponte; je le voyais toujours avec un nouveau plaisir; la bonté de son cœur, l'affabilité de son caractère, la vérité de ses sentiments le rendaient un ami précieux; il était celui de ma sœur et devint bientôt le mien. Tout en lui retrace l'image de l'ancienne chevalerie, sa devise est aujourd'hui ce qu'elle était alors : *Tout pour Dieu, le roi et les dames.*

Ce fût avec beaucoup de satisfaction que je trouvai à Turin madame la comtesse de Truchsess que j'avais déjà vue en France; c'est une femme charmante, dont l'amabilité est remplie de graces.

M. le baron de Maltzen et M. le comte de Brotoski logeaient dans le même hôtel que nous : ils venaient nous voir souvent; leur société m'était très agréable.

Les frimats duraient encore, mais nous espérions les voir cesser et nous faisions, en attendant, nos projets pour la belle saison ; ils consistaient à en profiter pour faire quelques incursions dans le Piémont. Divers objets dignes de l'attention du voyageur excitaient ma curiosité ; ces courses, en m'offrant l'avantage de la satisfaire, m'assuraient de plus celui de me réunir à Madame la marquise de Villemarine et à son mari, qui devaient être de tous nos voyages. Dans leurs intervalles, notre intention était de venir de temps en temps dans la capitale, bien plus agréable l'été que l'hiver, sous les rapports de sa température.

XXII.

L'IMPROVISATEUR.

L'improvisation est le triomphe de la langue italienne ; mais, pour improviser, il faut une organinisation particulière, qui facilite le développement du génie poétique ; même avec ces avantages, l'improvisation est contre nature, on n'en obtient la faculté que par une irritation et une tension de nerfs qui placent celui qui s'y livre dans un état presque surnaturel, tant il dépasse les bornes des facultés ordinaires. Le physiologiste éclairé souffrirait plus qu'il ne jouirait pendant l'improvisation, si elle ne lui offrait un sujet d'observations du plus grand intérêt. Rarement l'improvisateur reste à la même place, il y perdrait beaucoup de ses moyens; il faut qu'il marche, que les gestes accompagnent sa déclamation; ses pas, le mouvement de ses bras, sont tout autant d'impulsions qui concourent à porter à son cerveau toutes les forces qui y deviennent nécessaires. La sueur couvre son front, ses cheveux se hérissent, ses yeux changent de teinte et deviennent vitrés; tout annonce en lui un effort que sa volonté commande à ses organes qui, en s'y soumettant, sont entraînés dans une surexcitation qui se développe pour ainsi dire en proportion de l'ordre qui leur est imposé. Ces effets sont plus sensibles dans une longue improvisation et pour un sujet grave, mais il suffit qu'ils existent pour en faire la remarque. L'improvisateur doit ajouter à la susceptibilité de ses organes et à son talent poétique une grande instruction, pour être à même de traiter des sujets donnés au hasard, et sur lesquels on n'accorde point de préparation. J'ai vu, pendant plusieurs jours, un improvisateur dont le talent était reconnu; sa facilité était si grande qu'avec quelques instants de repos, il aurait pu improviser tout le jour, sur tous les sujets qui pouvaient lui être donnés. Il improvisait quatre heures de suite, sans que le son de sa voix fût altéré et qu'il parût fatigué au moment du repos. Tous les sujets qui lui furent offerts furent également bien traités par lui, quoiqu'il y en eût de très ingrats ; il m'en demanda un, et comme j'avais cru remarquer que les inspirations tragiques étaient celles où il brillait davantage, je lui demandai *les Fureurs de Médée* ; il les rendit avec un grand talent et me parut satisfait que j'eusse deviné le genre où il devait produire le plus d'effet.

Les improvisateurs sont en si grand nombre en Italie qu'ils y fixent peu l'attention ; si on les fait venir à une fête, c'est pour en augmenter le luxe. Le premier moment où ils sont dans un cercle on les écoute, mais bientôt l'intérêt s'affaiblit, les conversations particulières s'établissent ; souvent quelques personnes quittent le salon pour aller au billard, préférant un simple jeu d'adresse à l'observation de l'un des phénomènes les plus étonnants de l'intelligence humaine. Entouré d'objets de distractions, l'improvisateur souffre doublement pour s'y soustraire ; car il en est de son génie, à qui l'on demande des inspirations soudaines, comme du

flambeau qu'on allume, les regards et l'attention sont des aliments aussi nécessaires au premier que l'air pur l'est au second; s'il en est autrement, l'un et l'autre s'éteignent. Ces dégoûts
augmentent la difficulté de l'improvisation, ils
sont autant d'efforts de plus à surmonter pour
l'improvisateur, qui sent qu'il ne peut un seul
instant perdre de vue son sujet. Après en
avoir traité un, il en demande bien vite un
autre; mais soit le désir de lui accorder du
repos ou l'indécision du choix, on le laisse
quelque temps avant de prononcer, sans réflé-
chir que ce délai l'expose à une fatigue bien
plus grande que s'il poursuivait l'improvisation.
Le repos produit la détente des organes, et nécessairement l'oblige à faire de nouveaux efforts.
Dans la société, on aime ce qui distrait et non
ce qui occupe, c'est ce qui fait qu'en général
tous les objets qui donnent à penser lassent
plus vite que ceux dont la frivolité n'admet aucune réflexion. Tout entière à celles auxquelles l'improvisateur donnait lieu, je ne le
perdis par un seul moment de vue, je l'écoutais
avec attention, je rendais hommage à son talent,
j'eus du plaisir à l'entendre, mais je souffrais en
pensant à tous les dangers auquels l'exposait
sa profession. L'improvisation trop réitérée doit

nécessairement entraîner à sa suite, ou la démence, ou l'apoplexie; il ne nous est pas donné d'outrepasser nos facultés, et on ne le tente jamais impunément. La plupart des improvisateurs font, de leur talent, une ressource, et pour être toujours en état d'improviser, il faut qu'ils se tiennent en haleine. De là résulte que le sang se porte continuellement à leur tête en trop grande abondance ; ils sont obligés de marcher beaucoup, de manger peu , ils perdent plus qu'ils ne réparent; de cette manière la vie s'use vite et ne peut être longue.

Un vœu s'échappe de mon cœur, l'humanité l'inspire, je désirerais que l'improvisation ne fût point une profession, un moyen de ressources pécuniaires. Avec toutes les connaissances que l'improvisateur est obligé d'acquérir, ne pourrait-il pas suivre une carrière plus lucrative et qui n'exposât pas à des résultats aussi funestes ?

Nota. Corinne est le beau idéal de l'improvisation, mais l'observateur ne s'arrête point à l'illusion, il cherche à pénétrer la vérité, quelque sévère qu'elle puisse être. Le peintre habile fait un chef-d'œuvre du corps humain; l'anatomiste, tout en l'admirant, n'en découvre pas moins toute la fragilité.

Par supplément. Ce chapitre et la note qui le suit étaient faits depuis plusieurs mois, lorsque les papiers publics ' m'ont appris l'arrivée de M. Syricci à Paris, ainsi que les détails de ses improvisations; ils n'ont fait que m'affermir dans mon opinion et me fournir la preuve de la justesse de mes remarques sous les rapports physiologiques d'après lesquels j'ai considéré l'improvisation.

M. Syricci est un improvisateur très extraordinaire; ses connaissances étendues et ses facultés intellectuelles en font un prodige : mais parce que ses organes se prêtent mieux que d'autres à d'inconcevables efforts, ils n'en ont pas moins lieu; et les dangers qu'ils occasionnent sont tout aussi réels. L'incident survenu à la première représentation de M. Syricci vient à l'appui de mes assertions. Il s'était engagé à improviser une tragédie en cinq actes et en vers, sur un sujet donné par le sort; la séance devait avoir lieu sur le théâtre du Conservatoire. M. Syricci attendait dans une salle voisine que le tirage du sujet fût terminé. On vint lui apprendre que la mort de Stilicon était celui dé-

---

' *L'Étoile*, 16 mars 1824.

volu par le sort, et quoique cet argument lui parût peu favorable, il s'en empara subitement. Mais dans le temps qu'il avait employé à composer à la hâte son plan et à se mettre en mesure pour traiter le sujet donné, le public réfléchit qu'un autre serait moins ingrat. On fit un second tirage. Bianca Capello succéda à la mort de Stilicon. On fût de suite en prévenir M. Syricci. Le dernier sujet lui parut préférable au premier, mais l'élan de la composition avait eu lieu, l'effort en était fait, un nouveau devenait nécessaire par ce changement. *A l'instant même M. Syricci fut saisi d'une attaque nerveuse qui effraya ceux qui l'entouraient et qui parut l'effrayer lui-même.* Il fut cependant assez heureux pour pouvoir se remettre et s'avança sur la scène où il développa son sujet, tel que l'histoire le fournissait, et indiqua ensuite de quelle manière il allait en tirer parti pour sa tragédie de Bianca Capello qu'il improvisa d'une manière sublime. il n'en est pas moins vrai qu'il y eut une grande imprévoyance à changer ainsi de sujet; mais le jury était composé de poètes, dont l'imagination ardente ne prévoit point les dangers et ne saurait d'ailleurs s'y arrêter. Quant aux gens du monde, le plaisir de la nouveauté est tout pour eux; s'ils trouvent la jouissance

qu'ils cherchent, peu leur importent les consé-
quences. L'inspiration de M. Syricci, ayant été
appliquée au premier sujet, il aurait dû refuser
le second ; il est sorti victorieux de cette épreuve ;
mais elle pouvait lui coûter la vie en lui occa-
sionnant une attaque d'apoplexie. Il a doublé
le travail auquel il est accoutumé, c'est une
grande imprudence! je suis étonnée que dans
le nombre de quinze cents spectateurs, aucun
n'en ait eu la pensée; c'est que, probablement,
ils n'ont attribué qu'à l'esprit un effet qui ne
saurait avoir lieu sans le secours de tous les
autres organes.

Si j'ai pris intérêt à la conservation des divers improvisateurs que j'ai entendus, celui que
m'inspire M. Syricci s'augmente en raison de
sa supériorité et de son grand talent. Dans l'enthousiasme qu'il m'inspire je m'écrie : pourquoi
ne pas en profiter pour faire de belles tragédies
dans le silence et le calme du cabinet? Ces lentes
productions du génie ne sont-elles pas préféra-
bles à ces compositions rapides, si imparfaite-
ment recueillies même par ceux qui les enten-
dent avec le plus d'intérêt?

La gloire à venir de l'improvisateur n'est-elle
pas aussi compromise par l'infidélité de la mémoire et des traditions que son existence l'est
par les effets de l'improvisation?

Si Alfieri se fût livré et exercé dans cette carrière, au lieu de composer et d'écrire ses tragédies, jouirait-il d'un nom immortel comme celui dont il sera toujours en possession. Avec l'imagination de M. Syricci, la facilité de sa verve poétique, ses connaissances acquises, comment borner son ambition à quelques applaudissements passagers, dans une vie qui n'a que la durée d'un songe, tandis qu'il pourrait prétendre à ceux qui se répètent d'âge en âge, et qui honorent ainsi la mémoire de ceux qui les ont mérités? Beaucoup de gens blâmeront sans doute cette remarque, mais elle satisfait le besoin de mon cœur; quand je reconnais le génie, je ne puis me défendre du désir que j'ai que ses œuvres ne soient perdues, ni pour la postérité, ni pour lui, et je reprocherais toujours à l'égoïsme de préférer la jouissance personnelle d'un moment à la célébrité future qu'un homme supérieur est en droit d'obtenir.

J'éprouve bien des regrets d'avoir été absente de Paris lorsque M. Syricci s'y faisait admirer. Je lui aurais rendu avec satisfaction le juste tribut de louanges qu'il mérite, et il eut été pour moi un sujet précieux d'observations nouvelles.

XXIII.

THÉATRE-ROYAL.

L'ouverture du Théâtre-Royal eut lieu la seconde fête de Noël ; j'y assistai. La salle est superbe, l'usage de n'avoir que le théâtre et l'avant-scène éclairés me plût fort, je le préfère à celui de nos lustres, dont la clarté blesse souvent la vue, et ne laisse ni l'agrément de *l'incognito*, ni la facilité de pouvoir se passer de toilette. Toutes les loges sont grandes, commodes, et la salle est si bien chauffée que le froid ne s'y fait point sentir.

On donnait la première représentation de l'opéra *Il Castello di Konitwortk*; la musique trouva des censeurs sévères, je crus plus sage d'attendre quelques représentations avant de former mon opinion.

Les acteurs qui arrivent à Turin ont peu de temps pour leurs répétitions. L'ouverture du théâtre les oblige à paraître en scène avant que l'opéra soit bien appris. Les premières représentations ne sont, pour ainsi dire, que les dernières répétitions. L'ensemble n'est point encore parfait ; les acteurs ne sont point sûrs

de leurs rôles; la timidité que leur inspire leur
début, dans une ville accoutumée aux grands
talents, ajoute encore à leur embarras et para-
lyse une partie de leurs moyens; on ne peut
donc, sans craindre d'être injuste, se prononcer sur la musique, ni sur le talent des acteurs
avant plusieurs représentations. J'en fis la remarque, l'expérience me prouva qu'elle n'était
pas sans fondement; car, quelques jours plus
tard, la musique et les acteurs avaient infiniment gagné. En parlant de ces derniers, je n'y
comprends point Tacchinardi [1]. Accoutumé aux
applaudissements qu'il a mérités sur tous les
grands théâtres, la crainte de déplaire n'altère
aucun de ses avantages : la beauté et la pureté
de sa voix, l'excellente méthode de son chant
sont toujours les mêmes. Il fait autant de plaisir à la première représentation qu'à la dernière;
sa supériorité ne l'abandonne jamais. Je l'avais
entendu à Paris et fus très satisfaite de le retrouver à Turin. Au surplus, la critique fut trop
rigide pour cet opéra, il s'y trouvait de fort
beaux morceaux. Celui de Didon [2] lui succéda,

---

[1] Tacchinardi était engagé au Théâtre-Royal de
Turin pour l'hiver que j'ai passé dans cette ville.

[2] On ne donne, au Théâtre-Royal de Turin, que

sa première représentation ne laissa rien à désirer ; les acteurs avaient eu le temps d'apprendre leurs rôles, ils étaient accoutumés à la scène ;
l'accueil du public les avait rassurés, rien ne
s'opposait au développement de leurs moyens. Le
rôle d'Iarbe est un de ceux qui conviennent le
mieux à Tacchinardi ; aussi le remplit-il d'une
manière admirable. La musique de cet opéra
est très belle et plût généralement.

Il n'y a pas de doute que les compositeurs
et chanteurs italiens n'aient une grande supériorité sur les nôtres. Leur musique est infiniment meilleure, et la méthode italienne, pour
le chant, est préférable. Elle augmente le vo-
lume de la voix au lieu de le diminuer ; l'accom-
pagnement la soutient et ne la couvre jamais.
Dans le chant français, les sons sont beaucoup
trop soutenus, ils diminuent ainsi la voix par
des efforts qui, quelquefois, la rendent peu
agréable. Au grand opéra ils deviennent plus
nécessaires, l'orchestre ayant toujours le défaut d'accompagner trop fort. Les oreilles ac-
coutumées à la musique italienne, doivent peu

---

deux grands opéras par année ; si le premier plaît au
public on prolonge ses représentations ; dans le cas
contraire, il est bientôt remplacé par le second.

goûter le chant français qui, au reste, peut s'améliorer, il a déjà perdu beaucoup de ses défauts ; il est à désirer qu'il se rapproche toujours plus du genre italien ; ce qui ne serait pas impossible, en enseignant aux élèves du Conservatoire tous les principes qui le constituent.

Nous avons, pour la danse, la supériorité que les Italiens ont pour la musique. Rien ne peut être comparé aux danseurs de l'Académie royale de Paris. La composition des ballets, leur exécution a été jusqu'à ce jour inimitable. En Italie, l'intrigue des ballets est embrouillée, on a bien de la peine à la deviner. L'école de Milan produit des élèves assez bons, mais ils ne possèdent pas dans sa perfection le genre anacréontique, où les attitudes, le développement du corps, les graces et la légéreté sont indispensables. L'élan rapide et léger qui fait de nos danseurs autant de sylphes ; les pauses gracieuses qui forment autant de tableaux magiques ne produisent d'illusion qu'au grand opéra de Paris. Les airs de nos ballets sont mieux choisis, ils indiquent presque tous l'action du danseur. La danse italienne manque de moelleux ; les bras et les pieds des danseurs ne leur servent pour ainsi dire qu'à marquer trop fortement la mesure ; on les croirait occupés à prendre une leçon d'armes. En France, nous nous servons quelquefois de ces *temps secs*, mais c'est quand l'action du moment l'exige, ils ne sont soutenus que lorsque nous faisons paraître des diables ou des furies sur la scène. Il serait très aisé de corriger ce défaut, si l'école de Milan faisait faire un usage moins fréquent de ces temps trop durs pour être souvent répétés, et les remplaçait par d'autres plus doux et plus gracieux.

Le genre des grotesques est celui où les Italiens ont toujours excellé. La crainte des accidents a beaucoup diminué, m'a-t-on dit, leurs tours de force. Ceux que j'ai vus ne faisaient rien de plus fort que les grotesques que nous avons en France.

Le genre pastoral est, je crois, celui qui conviendrait le mieux aux danseurs italiens; il a de la vivacité, de la grace, et n'exige pas le développement du genre anacréontique, où il est si rare de la conserver.

Ce dernier pourrait encore être plutôt atteint en Italie par les danseuses que par les danseurs. Il est reconnu, par les artistes de la danse, que les Italiens, par leur conformation, ne peuvent jamais parvenir à élever leur jambe à la hauteur nécessaire au développement du corps et à l'attitude qu'exige le genre anacréontique. Les femmes, ayant la taille plus courte, n'ont pas cet obstacle à éprouver.

Il y avait six premiers danseurs au Théâtre-Royal, deux me parurent avoir plus de talent que les autres. Leur réunion était cependant agréable, le ballet bien monté; les costumes des acteurs et des danseurs étaient beaux, d'une exactitude remarquable ; les décorations superbes, et le luxe qu'il y avait dans l'ensemble de la représentation faisait, dans l'opéra de Didon, un très bel effet.

Je préfère l'usage que nous avons de ne placer nos ballets d'action qu'à la fin de l'opéra, dans lequel il n'y a jamais que les danses qui sont relatives. En Italie, on donne toujours un ballet d'action après le premier acte de l'opéra ; on nuit ainsi beaucoup à l'intérêt de son intrigue, en y faisant diversion par celle du ballet qui lui est absolument étrangère. Je ne suis pas la première à avoir fait cette observation, mais comme elle fait partie de mon opinion sur les spectacles de l'Italie, je crois devoir me la permettre, en observant cependant de ne pas la développer autant qu'elle est susceptible de l'être.

XXIV.

THÉATRE-D'ENSEIGNE. — THÉATRE-SUTERRE. — THÉATRE DES MARIONNETTES.

Le Théâtre-Royal et le Théâtre-Carignan ne sont pas les seuls à Turin où l'on puisse jouir du plaisir du spectacle. On y trouve encore le Théâtre-d'Enseigne, le Théâtre-Suterre et trois théâtres de marionnettes.

La salle d'Enseigne, nouvellement bâtie, fait honneur à l'architecte[1] qui a été chargé de sa construction ; elle est charmante. Il serait à désirer que dans toutes nos villes du troisième ordre, où l'on a l'intention de faire de nouvelles salles, on prît celle-là pour modèle. Sa coupe et son décors sont du meilleur genre. On donne à ce spectacle des comédies et des opéras bouffons.

La salle du Théâtre-Suterre est assez jolie, elle n'a que l'inconvénient d'être froide, parce que les loges sont en maçonnerie au lieu d'être

---

[1] M. Prégliusco.

en boiserie. On donne également à ce théâtre des comédies et des opéras bouffons.

Trois théâtres de marionnettes complètent les ressources théâtrales; ils en offrent véritablement une en carême pendant lequel les autres théâtres sont fermés. Les Italiens ont tellement perfectionné leurs marionnettes qu'on peut les regarder comme un genre, elles le méritent. Leur taille est élevée, l'agilité avec laquelle on les fait mouvoir est extrême. Les pièces qu'elles jouent ont de la régularité; quelquefois les rôles en sont écrits avec une pureté de style qui rend agréablement, ou des maximes de morale, ou des pensées philosophiques. Les décorations sont fraîches, jolies, souvent ingénieuses. Plusieurs ballets rendus avec précision méritent l'attention du spectatateur. Le genre anacréontique, le genre pastoral et celui des métamorphoses rivalisent d'agrément et de bonté d'exécution. Dans tous les ballets que j'ai vus de ce genre je n'ai pu prendre un seul des petits danseurs ou danseuses hors de mesure, malgré les temps difficiles qu'on leur faisait exécuter; ce qui prouve l'adresse et la bonté de l'oreille de ceux qui dirigent leurs mouvements. Ce spectacle, nouveau pour moi, me faisait grand plaisir, et j'allais souvent au théâtre Lombriasque où se trouvait une des meilleures troupes de l'Italie.

Les marionnettes, regardées généralement comme une distraction futile, ne m'offraient au contraire que des sujets de réflexions sérieuses. Ne sommes-nous pas aussi des marionnettes dans ce monde, me disais-je, avec cette seule différence que si nous pouvons facilement deviner la main qui conduit celle du théâtre et concevoir la faculté qu'elle a de les changer à son gré, nous sommes souvent loin de découvrir, pour nous-mêmes, les passions qui nous entraînent, et bien plus loin encore du pouvoir de les maîtriser.

XXV.

BAL MASQUÉ.

Il y a, dans le carnaval, des bals masqués aux différents théâtres de Turin; c'est un divertissement qui me plaît beaucoup. Le masque donne la liberté de terminer, sans cérémonie, une conversation qui a peu d'intérêt, comme de prolonger celle qui devient agréable. C'est un essai de tous les esprits, de toutes les imaginations, et quand on trouve l'un et l'autre réunis dans ceux qu'il est permis d'agacer, il est facile d'attirer leur attention. Ma raison s'étonne toujours de la simplicité avec laquelle les hommes, même supérieurs, s'en laissent imposer aux bals masqués. Les mystifications y coûtent peu d'efforts, et en les ménageant avec adresse on peut les porter au plus haut degré. L'amour-propre, d'une part, qui fait croire tout ce qui flatte, de l'autre, le masque qui prête aux illusions trompeuses, donnent un libre champ à ce que la gaîté et l'enjoûment peuvent avoir de caprices ; il n'y a pas d'idée bizarre qui n'y soit couronnée de succès, si elle est énoncée avec grace. L'homme le moins fait pour les conquêtes se croit destiné aux grandes aventures ; et la femme, dont la laideur serait repoussante, si elle était aperçue, devient une divinité dont on voudrait encenser les au- tels. Belles, à qui la pudeur ne suffirait pas pour vous engager à voiler vos attraits, allez au bal masqué, et vous jugerez si l'imagination ne prête pas plus de charmes que la réalité ne pourrait en offrir.

J'étais fort contrariée en sentant que l'état de ma santé me privait du plaisir d'assister à tous les bals masqués. Je désirais faire la comparai- son des nôtres à ceux de l'Italie, et je crus pou-

voir accorder la prudence et ma curiosité en
me déterminant à n'aller qu'à celui qui aurait
lieu le mardi-gras au Théâtre-Royal. Nous fîmes
nos arrangements avec la marquise de Villemarine pour nous y rendre ensemble; elle y
vint parée. Je préférai, pour mon compte, un
domino qui m'offrait l'avantage de l'intrigue
du bal, et celui de me garantir du froid qui
était excessif.

Je trouvai le coup-d'œil de la salle très beau.
Tous les rangs de loges sont illuminés; elles
sont remplies de femmes en costume de bal
paré et, comme elles y restent toujours, elles
contribuent agréablement au décor de la salle.
Dans l'enceinte du bal se trouvent beaucoup
d'hommes, et un petit nombre de femmes
masquées, quelques-unes de celles qui sont
parées viennent y faire un tour. Nous avions
une loge, mais je n'en profitai qu'au premier
instant, pour voir l'ensemble de la chose, et
faire la reconnaissance de l'arène que je devais
parcourir. J'y descendis au plus vite avec l'intention d'y passer une grande partie de la nuit.

En entrant dans le bal un arlequin fixa mon
attention ; il était entouré d'une foule de
jeunes gens qui le plaisantaient sur le ridicule
de la constance. Venez, madame, me dit-il,

m'aider à conjurer l'orage, les femmes doivent encourager les sentiments délicats. Quoiqu'elles n'y répondent pas toujours, lui dis-je, elles savent les apprécier, et pour vous le prouver, je m'empresse de faire avec vous cause commune. J'adressai ensuite à ses adversaires ce couplet :

Air : *Femmes voulez-vous éprouver.*

Chacun sait que les arlequins
Sont d'humeur constante et badine,
Que peu d'Iris ont les destins
De leur fidèle colombine.
Que de merveilleux de nos jours,
Traitent les cœurs vrais d'imbécilles ;
Ces Messieurs rivaux des amours,
Au lieu d'arlequins sont des gilles.　　*(Bis)*

Mon impromptu eut plus de succès que je n'aurais osé m'en promettre. Les rieurs furent pour nous, et les mauvais plaisants se précipitèrent dans la foule. L'arlequin tout joyeux de notre triomphe, m'en faisait hommage lorsque je sentis une main faible et tremblante se poser sur mon bras; c'était celle d'une femme masquée. « Voudriez-vous bien causer un instant avec moi? me dit-elle. — Volontiers, répondis-je, en abandonnant l'arlequin pour la suivre.

—La scène qui vient de se passer m'a inspiré l'idée de vous demander un service.—Lequel? —Celui de prouver à un homme qu'il doit être heureux, puisqu'il est tendrement aimé. — Il me semble, madame, que vous pourriez mieux que tout autre lui inspirer cette persuasion. — Ha! si je l'eusse pu, m'adresserais-je à vous?—Comment pourrais-je vous satisfaire? —Apprenez que j'aime à l'idolâtrie un jeune homme charmant! Sa figure est belle, son esprit enjoué, il est poète, musicien, et porte dans toutes les sociétés de l'agrément, enfin, les plaisirs suivent ses traces. Près de lui je trouvais la félicité; hélas! je croyais faire la sienne. Pour en être certaine je lui demandai de faire des vers sur *le bonheur*. C'était offrir un libre champ à ses pensées; j'espérais y trouver l'écho des miennes, mais l'ingrat! tout en ayant donné à ses vers le titre que j'avais choisi, cherchait à m'y prouver que le bonheur était une chimère, et pour appuyer son opinion de preuves convaincantes, il m'assurait que s'il avait cru le trouver quelquefois dans mes bras, l'instant d'après il avait été forcé de reconnaître son illusion. Les voilà ces vers, je les déteste, ils m'ont appris le secret de son cœur, le mien est navré de tristesse; lisez, et convenez

qu'un bonheur qui n'est point partagé s'éva
nouit...—Celui qu'on espère est toujours plus
grand que celui qu'on obtient.—Cela ne devrait
pas être. — L'amour-propre est le plus fort
mobile des passions des hommes; s'il est satisfait,
ils volent à de nouveaux succès, cherchant
toujours un bonheur qu'ils ne trouvent jamais,
ou dont ils ne jouissent que quelques instants,
faute de vouloir s'y fixer. Généralement ceux
qui sont constants ne le deviennent que par la
force de l'habitude. — Mais les femmes ne sont
pas ainsi?—Leurs jouissances partent du cœur,
leurs sentiments sont plus délicats; et en cela
plus durables. — Je n'avais jamais fait ces réflexions; m'arrêter en ce moment serait accroître
mon martyre. J'en reviens à ma première idée,
et vous prie, madame, de faire une réponse
aux vers que vous venez de lire, qui prouve à
l'auteur qu'il a tort; je ne vous quitte pas sans
avoir obtenu l'objet de ma demande.—Avant
d'y souscrire permettez-moi une question......
—Je suis libre de disposer de ma main et de
mon cœur; celui que j'aime l'est aussi. Aucun
engagement sacré ne nous fait une loi de renoncer à un amour qu'il rendrait coupable; étrangers en ces lieux où nous sommes pour peu de
jours, nous pouvons, de retour dans notre

patrie, unir nos destinées par l'hymen ; c'est le but de tous mes vœux. — Je ne vous résisterais plus si j'avais le talent que vous me supposez, mais..... — Cessez d'hésiter, nous n'avons pas de temps à perdre ; écrivons vite. — Il nous faudrait au moins de quoi écrire ? — Mon souvenir dont les feuillets sont blancs, et ce crayon peuvent nous servir. — Écrivez donc : *Le bonheur gît dans la vertu.* — Mais c'est une épigramme ? — C'est le titre des vers que vous me demandez ; s'ils ne vous plaisent pas vous n'en ferez point usage.

LE BONHEUR GÎT DANS LA VERTU.

Ceux que nous appelons des sages
Bien souvent ne sont que des fous;
La folie est de tous les ages,
Le bon sens rare parmi nous.
Je vais pour prouver ma manie,
Sur un objet bien rebattu
Epuiser ma philosophie,
Et raisonner sur la vertu :
Non la vertu des grandes ames
Qui fait d'un homme un conquérant,
Non la vertu qui met les femmes
A l'abri du plus tendre amant ;
Mais celle qui n'est point sévère,

Que bercent les tendres désirs,
Et qui peut régner à Cythère
Sans effaroucher les plaisirs.
Cette vertu qu'à ta bergère
Tu voudrais savoir en secret,
Et qui sous l'ombre du mystère
Saurait te rendre encor discret.
Non, sans le secours de ta verve,
On ne peut peindre ses attraits,
Imagine un instant Minerve
Qui de Vénus aurait les traits :
Trouve ainsi ta fidèle amie,
Et tu connaîtras le bonheur,
Est-ce raison, est-ce folie?
Je crois qu'il est dans notre cœur.

« A merveille! Ce titre m'avait d'abord fait craindre que vous eussiez l'intention de me persiffler. — Je n'en ai jamais eu la pensée. — Il est au bal, je cours lui porter mon souvenir. — Je vous désire plus de succès que je vous en promets. — Vous croyez qu'il ne reviendra pas de son erreur? — Je l'ignore : vous m'avez parlé de sa beauté, de son amabilité, de ses talents, et ne m'avez rien dit de ses qualités morales. S'il a de la légèreté dans le caractère et de l'ingratitude dans le cœur, tous vos soins seront inutiles. Je vous conseille alors de l'abandonner

à lui-même, il sera plus malheureux que vous ».
A peine achevais-je ces mots que ma jeune
étourdie partit comme un trait pour aller exécuter son dessein. J'aurais pu suivre ses traces
pour connaitre la fin de son aventure, mais la
délicatesse retint mes pas; il ne faut point
chercher à ravir un secret à demi confié.

On fit à ce bal quelques méchancetés. Je me
contentai d'y intriguer plusieurs personnes,
mais je ne poussai jamais la plaisanterie au point
de la rendre pénible, et si dans le nombre de
celles que je me permis il se trouvait des souvenirs fâcheux, je n'inspirai que la crainte de
l'indiscrétion sans la commettre. Je ne troublai
aucun ménage; je ne blessai l'amour-propre de
personne, et lorsque je me plaisais à le mettre
en jeu, c'était le plus souvent de manière à le
satisfaire. Je parlais alternativement français et
italien; ce fut une jouissance pour moi de ne
pas faire, en cette langue, des fautes qui don-
nassent l'indication de la nation à laquelle j'ap-
partenais. Le bal m'amusa parce que je m'y
conduisis comme je l'aurais fait à un bal masqué
de France; car s'il eut fallu que je fusse parée
et que je fisse séjour dans ma loge, il aurait
perdu pour moi son plus grand mérite. On ne
met point à Turin, pour les bals, le parterre et

le théâtre de niveau, comme nous en avons l'usage en France. Des escaliers en bois sont placés pour monter et descendre de l'un à l'autre. Je crois qu'il serait bien fait de mettre, ces jours là, un grand lustre au milieu du théâtre; l'illumination de la salle le rend obscur et fait ressortir son rétrécissement qui serait beaucoup moins sensible s'il était mieux éclairé, Par cette seule addition, le coup-d'œil deviendrait infiniment plus beau.

XXVI.

FRONTE [1].

Le temps était devenu beau, nous partîmes pour Fronte. Notre voyage y avait été annoncé et du plus loin qu'on nous aperçut le son des cloches célébra notre arrivée, et l'allégresse qu'elle causait aux habitants. Ils accoururent au devant de nous et notre route, du village au château fut une marche triomphale [2]; étant ter-

---

[1] La terre de Fronte appartient actuellement à madame la comtesse de Lombriasque.

[2] On avait élevé des arcs de triomphe sur toute notre route.

minee, le son de l'airain cessa, et ceux d'une excellente musique lui succédèrent. Cette réception fut touchante, et par l'empressement qu'elle exprimait, et par la vérité des sentiments qui l'inspiraient. Les habitants de Fronte sont bons, sensibles, aimants; ils descendent de ceux dont les facultés morales furent électrisées par les bontés d'une princesse dont la tradition est encore conservée par eux avec un culte religieux. Marie-Christine, l'auguste fille de Henri IV, préférait à tout autre séjour celui du château de Fronte. Par d'immenses travaux et de grandes largesses, elle fit le bonheur de cette contrée. La récompense des cœurs généreux se trouve dans le souvenir des cœurs reconnaissants.

Madame Royale, dans le temps orageux de sa régence, montra un grand caractère et la remplit avec gloire. Son esprit supérieur lui dicta toujours de bons choix pour les personnes qu'elle associait à ses travaux. Comme souveraine, elle montra des talents par une bonne politique et une sage administration. A ces avantages se joignaient une douceur dans les manières, et une affabilité qui faisait le charme de sa cour, comme son humanité contribuait au bonheur de son peuple. Son imagination

était ardente, la sensibilité de son ame, extrême[1] :
elle était la fille du grand Henri. Combien, par
ce rapprochement, son souvenir me paraissait
intéressant; j'allai voir les ruines qui me le
rappelaient. Il n'y a plus que quelques vestiges
de tous les édifices qui existaient du temps de
Madame Royale, mais il en reste assez pour les
indiquer. Je gravis la colline, je parcourus les
sites; mes regards curieux semblaient interro-
ger tous ces débris. Une fille du sang de nos
rois, me disais-je, a habité ces lieux; elle y avait
élevé des monuments, comme elle ils ne sont
plus, mais son nom les rend encore célèbres.
Cette destruction devint un mobile d'intérêt
plus grand. Ces ruines n'étaient qu'une héca-
tombe digne de leur objet; la pierre alors ne me
parut plus insensible : j'ai souvent eu plus d'attrait à visiter les restes d'anciennes construc-

---

[1] Ces qualités ne furent pas toujours favorablement interprétées, mais ignore-t-on que c'est aux
grands talents comme au génie que la calomnie s'at-
tache. Des siècles suffisent à peine pour détruire ses
fatales impressions; le temps amène enfin avec lui la
vérité, et rend à la mémoire des bienfaiteurs de l'humanité, le juste tribut de louanges que l'imposture
avait voulu leur ravir.

tions que celles qui sont entièrement conservées. Ces dernières n'ont affronté le temps que par leur insensibilité, les autres paraissent avoir subi la loi qui nous est commune.

Les décombres de Fronte offraient un vaste champ à mes recherches, et me préparaient ainsi au plaisir des découvertes : j'y distinguai deux peintures à la fresque encore assez bien conservées pour en deviner le sujet et en lire l'inscription ; l'une me parut représenter le mont Vésuve; l'inscription était une allégorie relative aux flammes de ce volcan. Je crus reconnaître, dans la seconde peinture, une vue de Paris donnant sur les hauteurs de Montmartre; l'inscription de cette dernière doit nécessairement se rapporter aux êtres chers que cette princesse avait laissés dans sa patrie. Celle qui l'avait adoptée n'avait point effacé les souvenirs de son enfance, et, sur les bords du Pô, les rives de la Seine n'avaient pu lui devenir étrangères. La hauteur des Alpes n'empêchait pas ses regards de se tourner vers son berceau, et les glaces qui les recouvrent n'avaient nullement paralysé son cœur.

Le château de Fronte est placé sur une colline dont le site est très agréable : la vue en est magnifique et très pittoresque. Le village est

situé de manière à embellir le paysage, et la
rivière qui serpente dans le vallon ajoute à sa
beauté; l'air qu'on respire sur la colline est
excellent; les brouillards n'arrivent jamais jusqu'à la hauteur du château. Je conçois comment cette habitation avait été celle du choix
d'une princesse, et lorsque tout ce qu'elle avait
créé existait, ce devait être un lieu enchanté,
prêtant aux illusions de la féerie. Quoiqu'il n'y
eût plus que des ruines à Fronte je m'y plaisais
fort et j'y aurais resté quelque temps avec plaisir, si nous n'eussions déterminé d'avance
d'y faire un court séjour.

Toutes les constructions nouvelles ne laissent plus apercevoir que des vestiges plus ou
moins considérables. Les seuls bâtiments con-
servés sont ceux de l'ancien château : c'est là
que nous étions descendus. Les plantations
n'ont pas autant souffert que les bâtiments; il
existe encore des bosquets charmants qui avaient
été plantés par les ordres de Madame Royale :
elle s'y promenait souvent; c'est là que nous
voulûmes dîner avec le clergé du canton. Dès
que nous eûmes indiqué la place choisie, elle
fut de suite, à notre insu, ornée de guirlandes
de fleurs, de trophées, d'allégories. Les inscriptions, les sonnets s'y trouvaient en abondance,

et ce site, déjà riant, n'en devint que plus beau et plus agréable : c'était vraiment la salle d'un festin. Celui qu'on y servit fut splendide: des mets délicats, des fruits de la plus grande beauté, des vins excellents nous furent offerts ; et pendant qu'ils satisfaisaient autant les yeux que l'appétit, des musiciens, cachés dans les bosquets, faisaient entendre une musique mélodieuse. Ce fut véritablement une fête champêtre, et comme tout ce que je voyais à Fronte devait tenir du merveilleux, sur ce que j'observais que les truites qui nous étaient servies, me paraissaient meilleures qu'aucune de celles que j'eusse mangées jusqu'alors, on me répondit qu'elles venaient d'être prises dans la rivière d'*Aqua Dore*[1] ; ce qui m'apprit que, dans cette heureuse contrée, plusieurs des habitants vivaient du produit des petites parcelles d'or qui se trouvent dans le sable de cette rivière.

Dans ma promenade, j'avais été agréablement surprise de trouver, sur la sommité de la colline, une superbe prairie, aussi belle et aussi verdoyante que si elle eût pu être arrosée à vo-

---

[1] La rivière d'*Aqua Dore* est à une distance très rapprochée de Fronte.

lonté. A côté, se trouvait l'humble chaumière d'un cultivateur, j'y entrai dans le dessein de prendre quelques renseignements sur les effets de l'air pur de cette colline qui me paraissait n'être pas trop vif, quoiqu'elle soit élevée ; il me sembla que cet asile devait être celui de la santé ; je ne m'étais pas trompée : il avait été celui d'un centenaire qui venait depuis peu d'y terminer une vie, dont la durée n'avait été si prolongée, je pense, que par la salubrité de l'air. Ce pays-ci, m'écriai-je, est celui des prodiges, combien il en coûte de le quitter si vite? Je me promis bien de faire un second voyage à Fronte, si jamais je retournais en Piémont, et je pensai que le moyen de se préserver des inconvénients de son climat et d'y arriver à la longévité, serait de passer la belle saison sur la *colline de Fronte* et l'hiver dans la plaine de Corveil [1].

Ce qu'on perdrait pour l'agrément de la société serait remplacé par le bonheur de jouir d'une santé brillante.

---

[1] Voyez Corveil, page 150

XXVII.

BURATINI.

Au retour de Fronte, nous quittâmes Turin pour nous rendre à Lombriasque; ma sœur, pour m'y donner une distraction agréable, fit venir un théâtre de Buratini. Le directeur arriva avec un répertoire de cinquante pièces et une troupe d'acteurs d'un nombre égal. Ces petits infortunés avaient recueilli dans leurs courses vagabondes, plus d'applaudissements que de salaire; leur indigence était extrême; leurs vêtements en fournissaient la preuve. Nous nous occupâmes de suite de réparer pour eux la rigueur du sort; la troupe fut augmentée par des acteurs nouveaux. Tous reçurent des costumes analogues à leurs rôles; nous nous plûmes à les faire d'une élégance merveilleuse. Cette métamorphose ne supportait plus l'usage de leur ancien théâtre; on en fit construire un nouveau sur de plus grandes dimensions. Les décorations furent changées, la quantité en devint plus grande, et nous jouissions chaque jour de nos travaux en voyant les différences qu'ils opéraient. Je puis dire avec justice *nos travaux,* car nous faisions nous-mêmes les costumes pour leur donner autant qu'il nous était possible de le faire, plus de fraîcheur et de grace.

Ce genre de spectacle me divertissait. J'avais vu, avec intérêt, des marionnettes à Turin, mais les Buratini ont quelque chose de plus piquant. Leur activité est plus grande, aucun fil apparent ne fait perdre l'illusion; leurs mouvements sont plus libres, plus accélérés que ceux des marionnettes; ils changent de place avec plus de facilité et de rapidité; ils sont dirigés par une main invisible, dont l'adresse fait le mérite de leur jeu; lorsqu'elle a de la dextérité, elle le rend fort agréable.

Beaucoup de pièces de Buratini sont calquées sur des pièces françaises, telles que l'Enfant prodigue, les Ménegmes, l'Habitant de la Guadeloupe, Zémire et Azor, etc. On donnait des ballets à chaque représentation. Buratini, très bon danseur, remplissait les entr'actes par des danses sur la corde, et terminait le spectacle par une danse villageoise. Acteurs et danseurs avaient beaucoup de talents, mais ceux de *Gérolomo* se faisaient toujours distinguer; c'est l'acteur principal de toutes les pièces. Sa physionomie est heureuse, son jeu naturel; honnête homme ou fripon, il inspire le plus grand intérêt. Les Buratini perdraient beaucoup de leur mérite, si *Gérolomo* ne faisait avec eux cause commune.

Chaque jour une affiche, souvent plus spirituelle que les pièces qu'elle annonçait, prévenait du spectacle de la soirée. Tous les notables du pays y étaient invités une fois pour toutes, et plusieurs représentations furent données à la multitude. Dans celles qui nous étaient particulières, nous admettions une foule d'étrangers qu'attiraient la réputation de nos Buratini. Nous les gardâmes au château plus de trois mois, le temps de leur repos était celui de nos absences.

Après le premier mouvement qui nous porta à accueillir et à traiter favorablement cette nombreuse famille, notre sollicitude se porta sur celui qui en était le directeur. Veuf depuis dix-huit mois, il pleurait encore la mort d'une femme qui l'avait rendu heureux, et dont les secours étaient nécessaires à sa profession. Les soins et les dépenses qu'avait exigés sa longue maladie, étaient les causes de sa double infortune; il s'y joignait l'indispensable nécessité de former de nouveaux liens, pour avoir un aide dans ses travaux. Il se résigna à prendre une seconde femme; les preuves d'attachement qu'i avait données à la première nous le rendirent intéressant, et ma sœur, par une générosité bien entendue, lui fournit les moyens de faire un établissement; c'est ainsi qu'un divertissement devint la source d'une bonne œuvre.

XXVIII.

COURSES DIVERSES.

Nous faisions souvent des courses dans le voisinage de Lombriasque. Je fus à Carmagnol pour y voir le marché qui s'y tient tous les mercredis; c'est un des plus considérables du Piémont, par les ventes de grains et de bestiaux. En me rendant à cette ville, je m'arrêtai à un jardin appartenant à ma sœur, qui est placé sur la route; il y a un puits dont l'eau est excellente, c'est la meilleure que j'aie bu en Piémont, je la crois légèrement ferrugineuse; j'en faisais usage quand j'étais à Lombriasque, mais elle est bien meilleure prise sur les lieux, que lorsqu'elle a supporté le transport.

Les affaires de ma sœur nous faisaient faire de fréquents voyages à Caramagne[1]; nous les

---

[1] Madame la comtesse de Lombriasque a des biens considérables à Caramagne.

arrangions de manière à ce qu'ils fussent des parties de plaisir. La plaine de Caramagne est très fertile, il y a beaucoup d'eau, d'arbres et de prairies, mais leur arrosage rend l'air humide : il est plus épais que celui de Lombriasque et me paraît moins sain sous ces rapports. La ville est assez bien bâtie. Le presbytère du prévôt est très beau, c'est l'ancien collége des jésuites, les appartements en sont grands, spacieux, la vue en est magnifique.

Quand le comte Ponte venait à Casalgras, nous allions l'y voir; il paraissait nous recevoir avec autant de plaisir que nous en éprouvions à lui faire des visites, et il avait l'amabilité de nous les rendre à Lombriasque.

Nous allâmes à Osassio : M. l'abbé Grella nous reçut dans sa jolie maison qui est la plus agréable du village.

Les jours où nous ne faisions pas de longues courses je les remplaçais par des promenades dans les jardins ou le parc de Lombriasque : une d'elles me fut très nuisible. En rentrant, je sentis ma poitrine prise par une chaleur très forte et une grande irritation; cette indisposition se prolongeant, je pensai que ces symptômes que je n'avais jamais éprouvés, pouvaient tenir à l'influence des localités, et je désirais

avoir l'avis d'un médecin, pour qu'il éclairât
mon inexpérience sur les maladies du pays, et
m'indiquât les moyens de les traiter. Parmi les
personnes qui venaient souvent nous voir
j'avais remarqué le docteur Lardone[1]; nous
avions souvent disserté ensemble sur la méde-
cine et ses applications, j'avais trouvé dans ses
raisonnements de la sagesse et de l'instruction.
Ne s'étant formé aucun système, il n'est ni
l'esclave des anciennes habitudes, ni trop zélé
partisan des innovations. La prudence guide sa
pratique, elle devient une suite de son expérience et de ses observations. L'amour de la
science et le noble but qu'elle a pour objet,
enflamment également son esprit et son cœur.
Ses occupations, ses actions sont toutes relatives à sa profession; il l'honore par la délicatesse de ses sentiments. J'engageai M. Lardone
à venir me voir; nous causâmes de mes maux,
il les jugea n'être pas d'une nature grave, et
m'ordonna peu de remèdes, mais les soins qu'il
eut pour moi furent ceux d'un véritable ami,
et j'en conserverai toujours un souvenir reconnaissant. Heureux sont les habitants d'une con-

---

[1] Le docteur Lardone habite Casalgras.

trée où ceux qui sont appelés à soulager leurs
souffrances, portent dans ce noble emploi, les
lumières qu'il nécessite, et la bonté de cœur
qui en rend les applications plus salutaires !

XXIX.

PROCESSION.

J'allai voir la procession de l'octave de la
Fête-Dieu; elle se fait, à Turin, avec une grande
pompe. Les autorités, ainsi que le clergé et les
corps religieux y assistent : dans ces derniers
une foule de jeunes moines attirèrent mon
attention, et je puis dire mon intérêt. Qu'on se
représente de jeunes cénobites d'une taille très
élevée, d'une figure superbe dont tous les traits
annoncent l'adolescence, la candeur, l'ingé-
nuité ; leur maintien est cependant celui de la
réflexion ; si peu avancés dans la vie, comment
a-t-elle pu arriver jusqu'à eux? Ils la doivent
au silence des cloîtres, ils y ont trouvé ce recueillement de soi-même qui fixe la pensée et rend
peu sensible aux objets étrangers. Leur ame
s'est élevée vers l'éternité, ils ne tiennent pour
ainsi dire plus à la terre, ils ignorent jusqu'aux
agréments que la nature leur prodigue. Si la

connaissance pouvait leur en être révélée, la seule joie qu'ils en éprouveraient serait causée par le mérite du sacrifice qu'ils vont en faire en se livrant aux austérités et aux privations.

Je l'avoue, des jeunes moines fixèrent mes idées sur la vie contemplative, leur physionomie en peignait la douceur; tandis que sur celles des êtres livrés au torrent du monde et de ses plaisirs, on n'aperçoit souvent que les traces de l'agitation et du malheur. Je plains celui qui se jette dans un cloître par suite d'infortunes, mais je trouve heureux celui qui s'y livre dès ses jeunes ans; il se voue à l'espérance sans s'exposer aux regrets de l'avoir conçue vainement.

XXX.

MADONE DE VILLENEUVE-D'ASTI.

On parlait avec un grand enthousiasme des miracles opérés par la Madone de Villeneuve-d'Asti. Ils ne tenaient point aux anciennes traditions, ils étaient récents; tous les habitants de Turin s'y rendaient en foule, c'était une fureur! Je désirais aussi y faire un pélerinage. Plusieurs personnes de notre société partageant le même empressement, se joignirent à nous, et notre petite caravane prit la route de Villeneuve-d'Asti. Après avoir dépassé cette ville, nous arrivâmes au lieu où se trouve un très petit oratoire dans le fond duquel est placée l'image d'une sainte vierge, il est entouré d'*ex voto* et de dons faits dans l'espoir ou la reconnaissance d'une guérison. L'oratoire est fermé, il serait d'ailleurs trop petit pour qu'on pût y entrer: son pourtour est tapissé de béquilles, de crosses, d'*ex voto* en peinture ou en cire. Une petite grille en fer placée en face de l'image de la sainte Vierge, la laisse apercevoir. C'est là qu'on se met à genoux pour prier; un tronc est placé à hauteur d'appui, ce qu'on y dépose journellement doit servir à faire un sanctuaire plus digne de son objet. A trois ou quatre pas devant l'oratoire est une source d'eau qui coule dans un petit réservoir carré. Un homme est chargé d'y distribuer gratis autant de verres de cette eau qu'on désire en boire; si on veut le payer il s'y refuse et vous dit de porter au tronc votre offrande, dans le cas que vous ayez l'intention d'en faire une. Des marchands qui passent tout le jour près de l'oratoire, y offrent aux pélerins des *ex voto* en cire, des médailles et des croix; j'achetai des médailles et des croix, j'adressai

ensuite ma prière à la sainte Vierge et je bus
un verre d'eau[1] à la fontaine. Après avoir satisfait
à ces obligations du pélerinage je m'approchai
de tous ceux qui étaient arrivés avant nous, je
désirais savoir le motif de leur voyage; chacun
me dit être venu rendre des actions de grace
pour des vœux exaucés. C'était la mère dont
l'enfant était sauvé, le frère et la sœur rendus
l'un à l'autre, etc., etc. Parents et convalescents
se trouvaient là, leur réunion était touchante;
la marquise de Villemarine, qui était venue
avec nous, en fut attendrie, et comme ce qu'elle
désirait le plus était que ma santé devint meilleure, pour que je pusse faire un plus long
séjour en Piémont, elle pria de tout son cœur
et de toute son ame la sainte Vierge pour en
obtenir ma guérison[2]. Nos oraisons terminées
à l'oratoire, nous laissâmes la place aux arri-
vants et partîmes pour Corveil[3]. Nous y pas-

---

[1] Je trouvai cette eau douceâtre, elle me parut con-
tenir des principes médicamenteux.

[2] Je dus, sans doute, à ses prières, plus qu'aux
miennes, d'éprouver un mieux sensible.

[3] Corveil est à une très petite distance de Villeneuve-d'Asti ; l'une et l'autre sont situées dans un
pays très sain.

sâmes quelques heures pour parcourir la plaine;
ayant respiré son air salubre, nous nous trouvâmes plus disposées à continuer notre route
et prîmes celle de Lombriasque.

XXXI.

ROSIÈRE.

Le comte de Lombriasque avait eu l'intention de faire l'institution d'une rosière en fa-
veur des filles de Lombriasque, il pensait que
ce serait pour elles un encouragement de bonne
conduite, et que la somme, qui serait à perpé-
tuité payée chaque année à la fille reconnue la
plus sage, deviendrait un bienfait qui, tôt ou
tard, s'étendrait sur toutes les familles. Diverses
circonstances différèrent l'exécution de ce projet, et la mort de celui qui l'avait conçu l'eut
entièrement anéanti, si la veuve ne l'eut réa-
lisé par le seul respect qu'elle avait pour ses
intentions. Mon beau-frère comptait fixer à trois
cents francs la dot de la rosière; ma sœur, en
formant elle-même cette institution, s'est pro-
curée la satisfaction d'honorer la mémoire de
son époux et de prouver aux habitants de Lom-

briasque une affection entièrement personnelle en portant la somme de la dot à cinq cents francs et en y ajoutant les frais de la cérémonie, ce qui double celle qui avait été primitivement destinée à cet objet.

Ce genre d'institution est peu connu en Piémont, il est à désirer que l'exemple donné y trouve des imitateurs dans la classe opulente. Les réglements, faits par ma sœur à ce sujet, sont sages et paraissent devoir parer à tout inconvénient futur. L'âge pour prétendre à la dot est fixé, depuis dix-huit ans jusqu'à trente; toute fille qui veut y concourir vient au château se faire inscrire; le jour est ensuite déterminé pour que chacune d'elles vienne donner son vote séparément pour celle qu'elle croit la plus digne de la rose. La fille qui obtient le plus de voix, de la part de ses compagnes, est nommée Rosière; s'il arrivait que deux eussent égalité de suffrages, on les fait tirer au sort, et c'est lui qui décide. Ce fut pour Lombriasque un grand jour que celui de l'inauguration de la Rosière; ma sœur choisit celui de sa naissance, et comme il se trouve en juillet, la beauté du temps nous permit de donner à la fête tous les accessoires qui devaient la rendre plus brillante. Des invitations nombreuses fu-

rent faites aux personnes de la cour [1] et de la
ville, et nous eûmes beaucoup de spectateurs
curieux de voir cette cérémonie qui se fit avec
le plus grand éclat.

La Rosière fut nommée la veille de la fête :
des arcs de triomphe furent placés à sa porte
pour annoncer à tous sa demeure. Le lendemain elle fut conduite par ses parents à l'église.
Le prévôt et le syndic de Lombriasque vinrent
la recevoir à la porte et la conduisirent à un banc
en face de l'autel [2] où ils la placèrent au milieu

---

[1] Madame la baronne de Teulade, dame d'honneur
de sa majesté la Reine, devait venir à notre fête ;
mais les devoirs de sa place la retinrent à la cour.
Elle eut l'amabilité de nous dédommager de ce contre-temps en nous faisant une visite plus tardive.
Elle passa au château quelques jours avec nous, qui
me parurent fort courts. Sa société me plaisait infiniment : elle a de la bonté dans le cœur, une grande
affabilité dans les manières et beaucoup d'égalité
dans le caractère. Ces qualités m'inspirèrent pour
elle un véritable attachement.

[2] Ma sœur a fait arranger dans l'église de Lombriasque une chapelle pour cette cérémonie : les ornements dont elle a ordonné la sculpture annoncent
sa destination. L'élégance et la simplicité règnent à
son décor, qui consiste en guirlandes de roses. Le
tableau de l'autel représente saint Roch ; ma sœur l'a

d'eux. Alors commença une grand'messe, célébrée par le prévôt de Carignan et chantée par les musiciens de la chapelle du Roi. M. Ottani en avait fait exprès la musique, elle rendait l'expression de l'allégresse de tous les assistants. Après la messe, M. l'abbé Oursi fit un discours éloquent sur l'inauguration du jour; quand il fut terminé, la Rosière vint au château faire ses remercîments à la donatrice; elle était accompagnée par le prévôt et le syndic qui, ensuite, la ramenèrent en pompe au sein de son heureuse famille.

Les cérémonies religieuses terminées, les divertissements commencèrent. Un théâtre de Buratini avait été placé sur la place publique; on y donna une représentation de jour et une seconde à la nuit. Des mâts de cocagne offrirent un salaire aux plus adroits et des prix furent donnés aux plus habiles à la course. La joie régnait partout, aucun accident ne vint troubler la fête. Des carabiniers avaient été mandés

---

fait faire exprès par un artiste de Turin. Il était bien naturel que la fondatrice de cette institution, parente de ce saint, plaçât sous sa protection spéciale les Rosières dont elle voulait couronner et récompenser la vertu.

pour maintenir l'ordre et le firent observer. Les personnes invitées au château eurent de plus que le public, le plaisir d'entendre un très bon improvisateur ; enfin, tout le monde parut content, et nous le fûmes de la satisfaction des autres. C'est ainsi que se termina une fête qui laissera des souvenirs touchants puisqu'elle fut l'inauguration d'un bienfait qui se perpétuera de génération en génération.

XXXII.

PANORAMA DE PARIS.

Dans une de mes courses à Turin, la marquise de Villemarine m'apprit qu'on faisait voir, en cette ville, le panorama de Paris, et me dit qu'elle m'avait attendue pour y aller afin d'avoir avec elle quelqu'un qui pût lui garantir son exactitude. Nous nous y rendîmes ensemble le lendemain matin : le marquis de Villemarine nous accompagna.

Pour donner aux curieux la vue du Carrousel, du Jardin des Tuileries, de la Seine, des Champs-Élysées et de l'arc de triomphe de la barrière de l'Étoile, on les place sur le pavillon de Flore. Ce Panorama est fait avec exactitude, quant aux localités et aux bâtiments, mais ce jour donné est entièrement manqué, non seulement il est beaucoup trop sombre, mais on a mélangé à ce noir d'horizon des parties qui sont aussi rougeâtres qu'elles pourraient l'être dans un pays chaud, un jour d'orage ; alors les teintes noires ne devraient pas s'y trouver ; cette opposition de couleurs forme un disparate sensible ; je n'en ai jamais vu d'exemple, ni à Paris, ni dans aucun pays que j'aie parcouru, si ce n'est par quelque orage de nuit. J'en fis l'observation au démonstrateur du Panorama qui m'assura que c'était la teinte que donnait au jour le climat de Paris. Je lui répondis qu'habitant cette ville, je n'y en avais point vu de semblable ; alors il ajouta que c'était l'effet du Panorama qui ne pouvait le rendre autrement. Je l'engageai à voir celui d'Athènes pour apprendre qu'ils peuvent rendre un beau ciel. Ne sachant comment réfuter cette objection, il m'avoua que le dessin de ce Panorama avait été fait à Paris, mais qu'il avait été exécuté à Londres[1]. Il est resté quelques émanations de

----

[1] Quel étrange orgueil que celui qui a pu suggérer l'idée de faire faire un panorama de Paris, représenté

charbon de terre, dis-je en riant, et les brouillards de la Tamise ont fait de la Seine une
masse d'ardoises, car on l'a rendue aussi brune
qu'elles. C'est aussi pourquoi toutes les élégantes qui se promènent aux Tuileries ont des
mises et des tournures anglaises.

Ces imperfections ne m'empêchèrent pas d'é-
prouver un grand plaisir en voyant Paris; il
est assez bien rendu pour prêter à l'illusion que
je cherchais à me faire. Je donnais à ma belle
amie tous les détails qu'elle pouvait souhaiter,
et je me chargeais de l'explication particulière
des objets qu'elle apercevait, ce qu'elle préférait
à l'exposé fait au public, qui doit nécessairement être rapide, afin de se trouver à même de
le recommencer pour satisfaire les nouveaux
venus.

---

au moment de son occupation par les troupes étrangères, pour le faire parcourir tous les pays. Croit-on
qu'on ait oublié que la population entière de la
France volait au devant d'un roi bien-aimé, et faci-
litait à ses alliés tous moyens de succès? Tandis que,
malgré cet avantage, il a fallu toute l'Europe coalisée
pour battre une armée jusqu'alors invincible! Si les
étrangers fussent venus en France, pour leur compte,
tout citoyen fût devenu soldat, ils n'eussent pu en
passer les frontières sans trouver la mort où ils ont
cru cueillir les palmes de la victoire.

« A présent, me dit la marquise de Villemarine, que vous m'avez mise au fait de tout ce
que nous voyons, j'aurais le désir que vous me
désignassiez les lieux habités par vos connaissances, vos parents, vos amis. — Volontiers.
Voyez-vous cette colonne [1]? un des édifices qui
l'entourent est la demeure d'un ancien sujet de
votre Roi. Des blessures qui honorent son courage lui ont mérité le titre de français et le
grade de général. Plus loin, à votre gauche, se
trouve une de mes sœurs et son époux, ils sont
heureux l'un par l'autre, c'est le modèle des
bons ménages. Jetez à présent vos regards sur
la Seine; près de sa rive, j'ai une nièce sans
doute occupée en ce moment de sa toilette,
car elle aime le monde et les plaisirs. Plus loin,
est un hôtel appartenant à l'un de mes cousins,
il y vit en famille; quatre générations s'y trouvent réunies. Fixez, à votre droite, ce dôme,
dont l'horizon rembruni ne peut ternir l'éclat,
c'est là que nos invalides reposent sur leurs
lauriers. Parmi ceux qui les commandent j'ai
encore des parents fiers d'avoir répandu leur

---

[1] La colonne de la place Vendôme.
[2] Le dôme des Invalides.

sang pour la patrie. Dans cette rue plus éloignée, se trouve un prince dont elle porte le nom; il possède les qualités du cœur et celles de l'esprit : il fut bon fils et tendre époux, il est bon père et excellent ami; il a eu des revers de fortune et les a supportés avec un courage philosophique. L'égalité de son caractère, son aimable gaité n'en ont pas été altérées un seul instant, c'est mon meilleur ami. Depuis que je suis ici, ignorant si mon voyage avait été heureux, impatient d'avoir de mes nouvelles, il a donné l'ordre à la personne chargée de ses affaires, à Turin, de venir m'en demander. J'ai été d'autant plus sensible à cette attention qu'elle me procurait des siennes en me prouvant son souvenir. De ce côté, dans le lointain, à perte de vue, est aussi un autre ami très affligé de mon absence.—Si près de l'Orpheline du Temple, puis-je oublier de vous désigner la demeure du zélé défenseur d'une auguste victime..... Pendant des temps qui ne sont plus, nous unissions souvent nos regrets et nos espérances...... elles se sont réalisées; il a reçu la récompense due à ses vertus et à son courage, la France a applaudi à cet acte de justice, et je m'en suis réjouie par l'attachement que je porte à celui qui en a été l'objet.

« Mesdames, nous dit le marquis de Villemarine, vous ne pensez pas que l'heure de
dîner est déjà passée, et qu'il est temps de se
rendre à l'hôtel.—Ah! sans doute, je l'avais ou-
bliée, j'étais à Paris et croyais avoir encore
quatre heures[1] à donner à mes souvenirs. » Il
faut souvent sacrifier les inclinations aux con-
venances; aussi me décidai-je à quitter un lieu
dont la circonférence, toute petite qu'elle était,
n'avait pu être un obstacle à l'essor de mon
imagination.

XXXIII.

VILLENEUVE-DE-MONDOVI.

Je désirais voir le sanctuaire de la Madone
de Mondovi. Ma sœur et la marquise de Villemarine, ne le connaissant point encore, nous
fîmes la partie d'y aller ensemble. M. l'abbé
Oursi, instruit de notre projet, nous engagea à
nous rendre à Villeneuve-de-Mondovi, à y
passer quelques jours au sein de sa famille qui

---

[1] A Paris on ne dîne qu'à six heures, à Turin
c'est à deux.

l'habite; il nous offrit d'aller nous y attendre et de nous accompagner au sanctuaire qui est peu éloigné de Villeneuve. Nous acceptâmes son aimable invitation et partîmes. Le temps était beau, notre voyage fut agréable. M. l'abbé Oursi eut l'attention de venir au devant de nous pour nous donner l'indication des localités, nous prouvant ainsi son empressement d'une manière fort délicate. Nous arrivâmes au déclin du jour à Villeneuve, et il nous présenta sa famille, dont nous reçûmes l'accueil le plus gracieux.

Après quelques heures de repos on nous proposa une promenade, mon étonnement fut grand en entrant dans des jardins pour lesquels l'art a tiré grand parti de la nature. Ils sont tous disposés en terrasses et font un effet d'amphithéâtre, aussi agréables par leur position que par les arbres et les fleurs dont ils sont ornés. L'heure ne fut point un obstacle pour juger de leur beauté, une brillante illumination les offrait à nos regards. Sur la première terrasse trois pyramides transparentes portaient des inscriptions italiennes, véritables inscriptions du cœur qui annonçaient l'objet de la fête : elle était dédiée aux *trois amies*. On voyait leurs noms inscrits en gros caractères sur ces pyra-

7

mides. Nous parcourûmes les quatre terrasses dont se composent les jardins, elles étaient toutes illuminées de couleurs diverses, avec autant de goût que de recherche ; des rampes douces conduisaient de l'une à l'autre. Le coup-d'œil de l'ensemble était charmant.

Sur une des terrasses, on voyait un demi cercle de lampions sur le bord d'un bassin dont les eaux se perdaient dans l'enfoncement d'une grotte placée sous la terrasse supérieure. Là se trouvaient des statues qui avaient l'air de se jouer dans l'onde ; l'illumination de cette grotte était si bien ménagée que les effets de la lumière et des ombres qu'elle laissait apercevoir donnaient à tout ce groupe un air de mouvement qui se répétait dans les eaux.

Dans un des angles du jardin se trouve une petite montagne, les arbres dont elle est couverte étaient illuminés, le gazon qui entoure leurs pieds était parsemé de lampions ; cet ensemble offrait l'éblouissant aspect du riche assemblage de l'émeraude et du diamant. Sur le sommet, des musiciens cachés faisaient entendre des sons mélodieux ; au moment où nous nous retirâmes, ils descendirent pour nous accompagner jusqu'à la maison ; se plaçant ensuite sous nos fenêtres, ils firent encore longtemps retentir les airs de leurs accords. Alors les portes des jardins furent ouvertes à la multitude, et l'affluence des personnes qui s'y rendirent fit un nouveau tableau ; j'en jouis avec d'autant plus de plaisir qu'il n'y avait dans l'atmosphère aucune humidité : la position de Villeneuve en garantit ses habitants.

Tout ce que nous vîmes dans la soirée avait offert des effets vraiment magiques, et la description de cette fête eut pu faire le sujet d'une de celles que peignent nos fameux romanciers. Elle laissa notre imagination vivement frappée de ses souvenirs, elle put nous les représenter en songe pendant le sommeil qui succéda à tous ces prestiges enchanteurs. J'y reconnus combien était méritée la réputation dont les Italiens jouissent pour ce genre de composition et de fête.

Le lendemain de notre arrivée, l'union qui existait dans la famille Oursi fixa toute mon attention, elle rappelait à ma pensée le temps de l'âge d'or. On nous apprit que ce jour, qui était un dimanche, se trouvait celui de la fête d'une confrérie dont Madame la comtesse Oursi était prieure, et qu'il devait être rempli par des exercices de piété et des réjouissances. Nous commençâmes donc par aller à la messe ; le

prêtre qui la dit était revêtu de superbes ornements; la Madone qu'on célébrait avait une
robe magnifique.

Après la cérémonie religieuse, j'allai voir une
course de chars, ce ne fut point de celles où
des coursiers fameux traînent des chars dorés
avec une rapidité si grande, qu'à peine la surface
qu'ils parcourent peut en être effleurée; ce sont
des chars, espèce de charrettes, attelés de deux
bœufs accoutumés à cet exercice. La permission
de conduire les chars fut mise à l'enchère et ac-
cordée aux plus offrants; ce préliminaire rempli,
les quatre chars partirent. Comme on le pense
bien, les moins lourds arrivèrent au but les
premiers. On a soin qu'il ne soit pas éloigné,
car s'il en était autrement ces pauvres bêtes
mourraient avant de l'atteindre, tant elles sont
excitées par le bouvier qui reste debout sur sa
charrette pour les conduire. Ce spectacle eut
pour moi le mérite de la nouveauté; quand il
fut terminé je revins chez M. le comte Oursi,
j'y trouvai un grand nombre de personnes des
environs invitées. Pendant le dîner, des salves
de mousqueterie et de la bonne musique se
faisaient alternativement entendre sous nos
fenêtres, et les mots répétés de *viva la casa
Oursi* (pour lesquels nous fîmes chorus) me

parurent tenir autant à l'attachement que les habitants du pays portent à cette famille, qu'à l'empressement de fêter la prieure.

Après le dîner, la procession de la confrérie passa sous nos fenêtres, la comtesse Oursi la suivait comme prieure, l'abbé Oursi portait le saint sacrement.

Le jour avait disparu, on vint nous prévenir qu'on nous attendait pour tirer le feu d'artifice, je m'y rendis avec la marquise de Villemarine, nous appréhendions un peu le froid, mais à Villeneuve tout était prévu pour nous offrir des plaisirs qui ne laissassent aucun regret. On savait que la marquise et moi craignions l'humidité, que ma sœur redoutait les pétards, nous trouvâmes donc devant l'emplacement où devait se tirer le feu, un joli petit salon fait tout exprès pour nous y recevoir : il était en boiserie, élevé de quelques marches, des tapis étaient sous nos pieds. Nous fûmes placées sur de bons fauteuils, nos têtes étaient à couvert du feu ainsi que de l'humidité, et des draperies qui meublaient ce salon laissaient à notre volonté la possibilité de les ouvrir ou de les resserrer, enfin je m'y trouvais à merveille. *Le feu fut joli et réussit très bien, le bouquet qui le termina offrit à nos yeux l'image de la Madone,*

qui, apres plusieurs métamorphoses d'illumi-
nations resta encadrée par des lumignons d'une
manière aussi ingénieuse qu'agréable.

Quand nous fûmes rentrés, nous nous occupâmes des arrangements à prendre pour notre
course au sanctuaire de Mondovi, et nous déter-
minâmes de partir le lendemain de grand matin
pour nous y rendre. Tout le monde voulut être
de la partie : le comte Oursi se résigna à rester
seul chez lui, un sentiment de tendresse pater-
nelle l'y détermina, il ne voulut point abandonner ses enfants, encore jeunes, à des soins
mercenaires.

XXXIV.

SANCTUAIRE DE MONDOVI.

L'heure du départ avait sonné, le temps annonçait un beau jour, nous partîmes pour
Mondovi. Cette ville se montrait à nous avec la
majesté que lui donne l'élévation de la montagne sur laquelle elle est bâtie. Nous en gra-
vîmes la hauteur en parcourant un chemin
rude par sa montée¹, et nous traversâmes la

---

¹ Toutes les voitures peuvent y passer.

cité pour prendre celui qui mène au sanctuaire. Sa position ne permet pas de l'apercevoir de loin, on y arrive par une descente douce qui conduit à un plateau sur lequel on le trouve. Le lieu où il est situé offre l'avantage d'un recueillement plus grand, on n'y est point dominé, point aperçu par les alentours, l'élan religieux n'y est distrait par aucun objet étranger.

Le sanctuaire est placé de manière à faire face au plateau, à sa gauche se trouve le couvent des religieux et leur jardin dont l'entrée est interdite aux femmes. Des bâtiments construits en demi cercle forment le quart de l'horizon du plateau, là se trouvent plusieurs appartements loués à l'année par des personnes de Mondovi, des boutiques et de très bonnes auberges, rien n'y manque aux besoins des pélerins, mais M. l'Abbé Oursi avait tout prévu pour satisfaire aux nôtres; il avait annoncé notre course à ses amis de Mondovi, et d'après les arrangements qu'ils avaient faits ensemble, nous les trouvâmes en arrivant, et ils nous conduisirent en droiture à un très joli appartement.

Il fut décidé que ce ne serait qu'après avoir déjeûné que nous irions voir le sanctuaire. L'impatience ne nous permit pas de rester long temps à table. Ceux qui comme moi étaient attirés par la curiosité, étaient pressés de la satisfaire, et les autres, avides du plaisir que leur causerait l'étonnement que nous ferait éprouver un chef-d'œuvre dont ils étaient glorieux. Je ne trahis pas leurs espérances, car je fus vivement surprise de le trouver aussi parfait : la beauté du coup-d'œil, la perfection de tout l'ensemble me ravirent, on en sera moins surpris quand on saura, comme je l'appris alors, que ce sanctuaire est fait d'après le dessin de celui de l'église de Saint-Pierre à Rome, et qu'il a été rendu avec autant d'exactitude que de talent. Des religieux que je questionnai sur ce bel édifice me dirent qu'on y avait déjà employé quatorze millions, et qu'il en fallait trois de plus pour terminer des ouvrages extérieurs qui ne le sont pas encore : les dons faits par les pélerins doivent servir à cet usage.

Je ne donnerai point ici l'histoire de la Madone de Mondovi généralement connue. Les religieux me montrèrent la chapelle où le pape, en dernier lieu, leur permit de baiser sa pantoufle; en les quittant il les assura que leur sanctuaire ne serait point déplacé à Rome, et pourrait même s'y faire remarquer. Après cet éloge tout autre devient inutile.

Il y a dans les chapelles de superbes mausolées. J'aurais passé la journée à admirer tous ces chefs-d'œuvre, mais je dus céder aux instances de M. l'abbé Oursi qui vint me chercher pour dîner; je me rendis à son invitation plutôt par complaisance que par tout autre motif. Le sentiment de l'admiration nourrit l'ame; tant qu'on l'éprouve il ne laisse sentir aucun des besoins qui tiennent à la terre, on est dans ce moment plus élevé qu'elle. Je savais que les Français avaient été victorieux à Mondovi, qu'ils avaient même habité le couvent qui l'est aujourd'hui par les religieux. En voyant ce sanctuaire aussi bien conservé, je ne pus me défendre d'un mouvement d'orgueil national : Ah ! me dis-je, ceux qui aiment les arts savent respecter leur ouvrage.

Je causai le plus qu'il me fut possible avec les religieux, ils furent très honnêtes pour nous, et nous offrirent des rafraîchissements que nous n'acceptâmes pas. Un soleil superbe couvrait de ses rayons le plateau du sanctuaire, je m'y promenai avec plaisir, et j'y fis la rencontre d'un prêtre placé en résidence dans ces lieux par le Gouvernement; nous eûmes ensemble une assez longue conversation, je trouvai de la civilité dans ses manières, et de la sagesse dans ses raisonnements.

Avant de partir je fus encore au sanctuaire, je ne pouvais me lasser de le voir; car si je m'humilie devant les beautés de la nature, je m'élève devant celles qui tiennent aux arts, elles me révèlent la puissance de l'homme.

En repassant à Mondovi, nous nous y arrêtâmes pour voir l'évêché, et surtout le coup-d'œil de son esplanade dont la vue est magnifique! Nous pûmes en jouir encore, quoique le jour fût à son déclin; je pris le temps où la marquise de Villemarine et ma sœur s'occupaient à acheter une collection de bagues et de médailles de la Madone, pour aller voir les églises de la ville; je les trouvai belles et bien tenues. Après quelques instants de séjour, nous partîmes pour Villeneuve où nous arrivâmes fort tard; avant de nous séparer pour prendre du repos, nous décidâmes que la journée du lendemain serait employée à voir la caverne de Villeneuve de Mondovi, et l'église de Sainte-Lucie.

XXXV.

LA CAVERNE DE VILLENEUVE DE MONDOVI.

C'est seulement depuis quelques années que le hasard a fait découvrir la caverne de Villeneuve. Un chasseur avait aperçu un renard et animait son chien à sa poursuite. Tout-à-coup il voit l'un et l'autre s'enfoncer dans un buisson placé sur une montagne élevée. L'habitant des forêts, l'animal qui cherche à l'atteindre ne reparaissent plus. Le chasseur inquiet dirige ses pas jusqu'au buisson, et lorsqu'il y est parvenu, il appelle inutilement son chien. Impatient de le revoir, il écarte des branches, en arrache une partie, le jour qu'il parvient à faire lui laisse apercevoir une très petite ouverture. Dans la crainte que son serviteur fidèle ne devînt, par son zèle, la victime de la proie dont il voudrait le rendre maître, il s'empressa d'aller prendre des ouvriers pour élargir l'ouverture; lorsqu'elle permit le passage on y pénétra; ce fut cependant en vain qu'on chercha le chien et le renard, on ne put les retrouver; mais au lieu d'une simple crevasse de rocher qu'on avait cru exister, on fut bien surpris de voir une de ces cavernes où le naturaliste va étudier les secrets de la nature, et admirer les beautés cachées qu'elle produit avec le concours des siècles.

C'est ainsi qu'on nous fit l'histoire de cette caverne pendant que nous étions en route pour aller la visiter. Rendus au bas de la montagne, nous descendîmes de la voiture. Le comte de Broglio m'offrit son bras et nous fûmes les premiers à gravir la hauteur. Des conducteurs nous suivaient pour nous donner les indications souterraines dont nous avions besoin, ils étaient munis de torches et de marteaux. Arrivés à l'entrée de l'abîme, nous nous y enfonçâmes. Il fallut, pendant quelques pas, doubler son corps pour y pénétrer, mais après cela nous n'eûmes plus que la peine de grimper et de descendre d'énormes morceaux de rochers recouverts d'une matière gluante qui rendaient la marche extraordinairement difficile. L'air qu'on respire en ces lieux est épais et humide à l'excès, mais tout ce qu'on voit, tout ce qui vous entoure est magnifique! Ce n'est point une seule caverne, mais plusieurs qui se succèdent. On n'a pas encore pénétré jusqu'à la dernière, soit par excès de fatigue, par manque de curiosité, ou par prudence. Aucune des cavernes n'offre aux regards le même objet, leur variété est à l'infini, il y en a une qui est aussi brillante que si elle était en cristal de roche.

On nous dit que plusieurs naturalistes étaient venus dans ces lieux, qu'ils y avaient conduit des ouvriers, et avaient passé sept à huit jours à en retirer divers objets minéralogiques, ce qui ne m'étonna pas, d'après leur beauté. Sans cesse précédant la société avec le comte de Broglio, nous fûmes aussi loin que nos guides purent nous conduire. Après avoir tout examiné je fis, à l'aide de mon marteau, ma petite collection, et je quittai les entrailles de la terre pour jouir de la vue des cieux. Je comptais sur un soleil réparateur pour ranimer mes membres engourdis par l'humidité, mais une pluie abondante trahit cet espoir; cependant comme elle nous forçait à descendre la montagne avec rapidité, la célérité de ma marche me réchauffa: ayant atteint nos voitures qui nous attendaient sur la route, nous ne fîmes que rire de ce petit contre-temps quand elle nous eurent mis à couvert; elles nous transportèrent bientôt sous le toit hospitalier de la famille Oursi.

XXXVI.

L'ÉGLISE DE SAINTE-LUCIE.

La pluie cessa, le soleil reparut, et nous pûmes exécuter le projet que nous avions fait d'aller voir l'église de Sainte-Lucie. Elle est sur une montagne élevée, on y arrive par un sentier escarpé et rapide; nous avions vu la veille au sanctuaire de Mondovi, tout ce que les hommes peuvent obtenir des arts; ici, nous aperçûmes tout ce qu'il peuvent devoir à la simple nature. Cette comparaison était d'un intérêt piquant pour l'observation. L'église de Sainte-Lucie n'atteste ni le talent de l'architecture, ni le travail des hommes, ses murailles sont des rochers, sa voûte, son autel, ses compartiments, ses enfoncements, des rochers. En y entrant, on se croirait encore au temps de la primitive église. Une eau très limpide filtre à travers la voûte et tombe goutte à goutte dans un bassin où on la recueille avec soin, parce qu'on assure qu'elle a la propriété de guérir les maux d'yeux. L'image de sainte Lucie, quelques chandeliers rustiques font le décor de l'autel, tout autre y serait déplacé. Ces voûtes silencieuses, ouvrage des temps, respectées par eux, révèlent bien plus à l'ame l'éternité que ne saurait le faire des ornements étrangers, et passagers comme leurs auteurs.

A droite de l'autel, deux rochers séparés l'un de l'autre forment une espèce de corridor souterrain d'une longue étendue. Quelques personnes croient qu'il va aboutir à la caverne de Villeneuve, mais on n'a point fait d'ouverture pour s'en assurer. Ce serait cependant une chose bien curieuse à connaître, car la distance de l'une à l'autre étant considérable, on découvrirait sans doute des objets d'un grand intérêt; je ne conçois point comment on ne l'a pas tenté. Je voulus essayer d'aller jusqu'au bout de ce passage, mais ce me fut impossible; il faut marcher sur des rochers, recouverts d'une matière si humide et si gluante qu'une chute devenait inévitable sans avoir, d'avance, pris des précautions pour s'en garantir, ce que j'aurais fait si mon séjour à Villeneuve se fût prolongé, car j'en aurais profité pour chercher à m'assurer de la correspondance soupçonnée entre la caverne de Villeneuve et le passage de l'église de Sainte-Lucie. Cette dernière est desservie par un prêtre qui nous montra tout ce qu'il y avait à voir, et qui nous reçut dans son domicile pour nous donner le temps de nous reposer.

La vénération est grande dans le pays pour cette église; beaucoup d'hommes pieux vont y faire des retraites de quinze jours : en conséquence, on a bâti, à côté, plusieurs petites cellules qu'ils occupent pendant le temps où ils sont séquestrés de toute société; ils assistent tous les jours à une conférence qu'un prêtre vient leur faire dans un local bâti exprès, et moins humide que l'église. On faisait la conférence pendant que j'étais sur les lieux, mais je ne pus qu'*écouter aux portes*, parce qu'on me fit observer qu'en ma qualité de femme, je pourrais être un sujet de distraction pour ces pieux cénobites. Craignant qu'elle ne leur parût un scandale, je maîtrisai ma curiosité, et tâchant néanmoins de la satisfaire d'une autre manière, j'allai visiter leurs cellules solitaires, n'ayant pour ameublement qu'un lit, une table et une chaise; mais ces habitations sont neuves, propres, donnant toutes sur une fort jolie terrasse dont la vue est superbe et de laquelle ils peuvent jeter un regard de pitié sur ces pauvres humains qui, placés dans le tourbillon du monde, semblent entièrement oublier le ciel.

Les seuls habitants à poste fixe de l'église de Sainte-Lucie, sont le prêtre qui nous en fit les honneurs, et un ermite auquel je pris un grand intérêt; placé là comme concierge, il garde les clés, et se trouve immédiatement sous les ordres du desservant dont il est, pour ainsi dire, le serviteur. Il partage avec lui le produit de ses quêtes, il fournit en partie à ses besoins sans que personne s'occupe des siens, excepté les âmes charitables dont il reçoit des dons. Cet ermite paraît n'avoir que trente à trente-deux ans, il est d'une haute taille, d'une belle figure; il faut qu'il soit bien résigné, ou bien malheureux. Je lui désire autant de bonheur pour l'autre monde que je l'en crois privé dans celui-ci. C'est en lui disant adieu que je partis de Sainte-Lucie.

XXXVII.

JOURNÉE PLUVIEUSE.

D'après nos arrangements, nous ne devions passer que trois jours chez le comte Oursi, ils s'étaient rapidement écoulés quoique nous les eussions employés à voir une infinité de choses curieuses. Cette réflexion que nous fîmes en revenant de Sainte-Lucie, nous rappela qu'il fallait donner des ordres pour notre départ. On nous fit d'aimables instances pour nous retenir davantage, mais notre temps était limité, nous ne pûmes y répondre que par le témoignage de nos regrets de ne pouvoir y accéder. Nous fîmes nos remercîments, nos adieux, et allâmes prendre quelque repos, avec l'intention de nous mettre en route le lendemain à cinq heures du matin. Mais, au moment de monter en voiture, la pluie tomba en si grande abondance qu'il n'y avait pas moyen d'espérer qu'elle cessât de tout le jour. Nos hôtes firent de nouveaux efforts pour nous retenir, et nous y consentîmes autant par prudence que par l'entraînement du charme que nous trouvions dans leur société.

Comme on n'avait pu compter d'avance sur cette prolongation de séjour, l'emploi de nos moments n'était point fixé, chacun put en disposer à son gré. Je profitai de cette liberté pour passer un instant dans ma chambre et m'y recueillir. Tandis que le souvenir de tout ce que j'avais vu occupait ma pensée, mes yeux se portèrent machinalement sur ma fenêtre, elle donnait sur la rue; j'aperçus quelques toits de maisons, plus loin l'horizon était borné par une montagne; elle était élevée, aride, son aspect me parut sévère, mais en reportant mes idées sur l'urbanité des habitants de Villeneuve, sur leurs mœurs douces et innocentes, je me dis : voilà la barrière à laquelle il doivent leurs vertus. Ces montagnards, éloignés des villes, en ignorent les vices, leur corruption n'arrive pas jusqu'à eux, ces monts sont leurs gardiens. Ici la civilisation est reculée de quelques siècles, mais heureux le pays où le bon naturel ne peut être altéré par le mauvais exemple. Ah! combien de telles réflexions changèrent à mes yeux l'aspect de cette montagne; si elle eut pu s'enlever, j'aurais voulu l'y replacer par un enchantement. Elle me parut l'Éden de ces lieux, et je serais encore restée longtemps à la considérer si mes hôtes, inquiets de ma disparition n'étaient venus me chercher pour me conduire au salon.

On sut bientôt dans le pays le contr'ordre donné pour notre départ, et chacun s'empressa de remplir le vide d'une journée pluvieuse de campagne. Des amateurs de Villeneuve, très bons musiciens, offrirent de venir nous donner un concert, leur proposition fut acceptée avec reconnaissance, et ils exécutèrent de la très bonne musique. Après le concert, ils voulurent nous faire danser, et, pendant que l'abbé Oursi était à faire ses prières dans son oratoire, nous transformâmes le salon en salle de bal; la comtesse Oursi et moi, ne nous étant point, imposé par état, le devoir de renoncer à un plaisir aussi innocent, nous dansâmes une grande partie de la soirée.

Après ce divertissement, on fit des parties d'écarté; j'aime mieux les jeux d'imagination que ceux ou l'intérêt préside : je pris des cartes je me plaçai dans un petit coin du salon et j'offris, en plaisantant, de dire la bonne aventure à ceux qui seraient curieux de mettre mes talents à l'épreuve. Le comte de Broglio, l'intendant Oursi, se livrèrent à mes divinations; j'eus la satisfaction de n'avoir pas trahi leurs espérances, ils furent contents de ma nécromancie, et leur franchise ne me laissa pas ignorer que ma pénétration avait soulevé le voile qui recouvrait leurs plus chères et plus secrètes pensées. Ainsi se termina le dernier des jours que nous passâmes à Villeneuve, il fut la veille de notre départ pour Scarnafiggy.

XXXVIII.

LA CRAINTE D'UN NOUVEAU DÉLUGE.

La pluie de la veille, au lieu de diminuer, n'avait fait qu'augmenter, elle était extraordinairement forte, mais la marquise de Villemarine, rappelée par son service auprès de sa majesté la reine Marie-Thérèse, ne put différer; nous ne voulûmes pas la laisser partir seule. En montant dans la même voiture qu'elle, je prévoyais d'avance que notre voyage devenait susceptible de fàcheux événements. Le plus terrible de tous eut été de rester ensevelis sous les eaux; le moindre, de ne pouvoir passer les rivières qui étaient sur notre route. Je m'arrêtai à cette dernière pensée qui me parut la plus rassurante; elle ne tarda pas à se réaliser. Nous trouvâmes la première rivière débordée, le bac était devenu inutile, nous changeâmes de route, le même obstacle se présenta. Enfin, il n'y eut d'autre ressource que de faire un très long détour pour trouver le pont de Coni, nous le passâmes au moment où les habitants de cette contrée craignaient de le voir emporter; il était déjà à fleur d'eau, et ce ne fut que lorsque nous eûmes atteint la montée de cette ville que nous pûmes conserver l'espoir de n'être plus au niveau de l'inondation, car les chemins étaient remplis d'eau, et les fossés devenus des torrents. Nos gens, nos chevaux, étaient excédés de fatigue, ruisselant l'eau de toutes parts; nous avions fait vingt-quatre milles sans nous reposer un seul instant, et ce qu'il y avait de plus piquant, c'est que calcul fait des distances, notre course devenait inutile puisque nous nous trouvions aussi éloignés du lieu de notre destination que si nous n'eussions pas quitté Villeneuve. Un grand feu et un excellent souper, trouvés dans une bonne auberge, nous firent oublier notre mésaventure et nous donnèrent le courage d'en risquer d'autres le lendemain.

Nous partîmes au jour , la marquise de Villemarine, pour n'être point en retard, nous laissa, dès qu'elle put atteindre la route de Carignan, nous suivîmes celle de Scarnafiggy, mais nous ne pouvions nous y rendre qu'en traversant sur un bac la rivière qui nous en séparait. Parvenus sur son bord , nous reconnûmes bientôt que son passage présentait non seulement de grandes difficultés, mais des dangers réels. Les eaux s'étaient prodigieusement élevées, le bac ne passait plus, et la prudence nous dictait sans doute de nous arrêter comme lui.

Mais nous étions sur les terres de ma sœur, à la vue et comme à la porte de Scarnafiggy; les habitants ne purent nous voir si près, sans manifester leur empressement à satisfaire le désir que nous montrions d'être au milieu d'eux, et leur zèle comme leur industrie leur fit chercher les moyens de surmonter tous les obstacles.

Ils calculèrent qu'en se présentant plus bas ils trouveraient un endroit où le courant serait moins rapide et qui pourrait être en partie traversé sur le bac, et permettre en partie aux voitures que l'on expédiait du château d'arriver jusqu'à nous.

Cette manière de voyager, toute bien raisonnée qu'elle parut, n'était rien moins que rassurante; je fis beaucoup d'objections, elles ne détournèrent point du parti qu'on avait pris. L'assurance des bateliers fixa mes résolutions, ils se mirent à la manœuvre, et nous fûmes bientôt livrés au torrent.

Le ciel veillait sur nous, le bac arriva sans accident au point désigné, et là, les pieds et les jambes dans l'eau, des hommes pleins de force et d'ardeur, nous prirent sur leurs épaules et nous portèrent jusques dans les voitures qui se trouvaient encore éloignées, quoiqu'avancées dans la rivière. Il se placèrent ensuite devant elles et sur leurs côtés pour assurer la marche. C'est ainsi que se termina un passage dont l'issue fut plus heureuse qu'on aurait dû l'espérer, et que l'on peut citer comme une témérité. Pour mon compte, j'avoue qu'en arrivant, je ne pus m'empêcher de le noter au moins comme très imprudent, sur mes tablettes.

XXXIX.

SCARNAFIGGY.

Le château de Scarnafiggy est magnifique; des colonnes de marbre ornent sa façade, l'escalier en marbre aussi est fort beau, et les appartements sont immenses. J'y vis avec plaisir une infinité de portraits de la famille de Ponte; mon intérêt particulier se porta sur ceux de toutes les Françaises qui sont entrées dans cette famille. Le nombre en est considérable pour recouvrir les quatre murs d'un salon, aussi s'appelle-t-il la *Galerie des Françaises.* Cette distinction, faite de génération en génération, me parut flatteuse, et celles qui l'avaient obtenue, bien dignes de la mériter, car je les trouvai toutes charmantes. Ce lieu était celui que je visitais le plus souvent, je n'y voyais que des compatriotes et pouvais m'y croire en France.

Le jardin est joli; un canal le traverse dans sa largeur, et, par sa position ainsi que par la bonté de son terrain, il serait susceptible de tout embellissement.

Si l'on ignorait combien la récolte du blé est importante en Piémont, on l'apprendrait par la beauté des greniers qui s'y trouvent. Ceux qui dépendent du château de Scarnafiggy sont en grand nombre et superbes; je me rappelle d'avoir compté jusqu'à vingt-deux croisées pour un seul. Dans les provinces de France, où il y a le plus de grains, aucun particulier n'a d'établissement pareil.

On compte dans le bourg environ trois mille cinq cents ames. Il est situé dans une plaine des plus fertiles, où les arbres, les prairies et les eaux abondent. Les fruits et les légumes de ce pays sont les meilleurs que j'aie mangés en Piémont.

Il y a quelques années que le tiers de la population était atteint du goitre; on croit s'apercevoir qu'il y en a un peu moins depuis que les eaux qui étaient en stagnation s'écoulent des canaux. Je pense qu'à Scarnafiggy cette commodité peut avoir une autre cause. Le pays étant riche, beaucoup de personnes s'y transplantent pour y chercher du travail et des moyens d'existence. Le nombre des habitations ne se trouvant plus en proportion de la population, les pauvres gens se logent dans les caves dont l'atmosphère tout à la fois humide et chaude, devient pour eux un principe presque inévitable de l'engorgement des glandes. Il serait à désirer que de nouveaux bâtiments fissent cesser cette disette de logements. Les revenus de la commune sont assez considérables pour en employer un peu chaque année à cet usage, et je loue fort M. le Syndic actuel de faire construire un édifice pour servir aux écoles. Il n'était pas encore fini, je fus cependant le voir, je le trouvai bien entendu, et je pensai avec plaisir que l'ancien emplacement qu'elles occupaient deviendrait l'asile de quelques familles. J'encourageai le syndic à renouveler, autant qu'il le pourrait, les constructions, comme un moyen sanitaire pour les habitants d'un pays qui, déjà sous tous les rapports, n'avaient qu'à se louer de son administration.

Le prévôt de Scarnafiggy est un digne ecclésiastique, entièrement occupé du salut de ses paroissiens, des embellissements de son église, et du soin d'enrichir sa sacristie de superbes ornements. Il m'en montra qui auraient fait honneur aux paroisses de Turin; il éprouvait du regret que je ne pusse les voir figurer quelque jour de grande fête, mais je n'en eus pas besoin pour reconnaître combien il avait dû faire d'efforts et de sacrifices pour en doter une église, où, pendant bien longtemps, ils honoreront sa mémoire.

Le débordement des rivières prolongea notre séjour; il fallait passer un bac pour retourner à Lombriasque, et nous attendîmes que la chose devînt possible. Ce retard ne me contraria point. L'air de Scarnafiggy est moins vif que celui du pays où nous devions nous rendre, et convenait mieux à ma santé dans ce moment là; d'ailleurs j'eus plus de temps pour visiter tous les lieux qui nous entouraient, et je ne voulus les quitter qu'après avoir fait un voyage à Saluces.

XL.

SALUCES.

Ce sont les circonstances qui manquent aux femmes, pour montrer l'énergie et le courage dont elles sont capables. Il faut de grands événements pour qu'il leur soit permis de révéler combien leur ame est grande et généreuse, combien l'inspiration qu'elles en reçoivent peut les porter à une valeur dont les hommes sont si jaloux de rester seuls dépositaires. Orgueilleux de leur force, ils nous abandonnent à la vanité des graces. Une éducation qui circonscrit nos facultés morales, leur paraît être un obstacle à leur développement; mais les bornes en sont bientôt franchies, dès que le danger de la patrie devient imminent. Alors l'héroïsme des femmes ne le céde en rien à celui des hommes, et leur gloire devient plus grande; puisqu'elles sont obligées de sortir de la sphère où on les a placées, et que chez elles c'est toujours la force de l'ame qui en donne à leur corps; tandis que chez les hommes la force physique et celle de l'habitude suffiraient pour les déterminer à braver les dangers.

L'histoire abonde en traits sublimes dont les femmes sont les auteurs. Je les ai toujours recherchés avec avidité, sans que la satisfaction qu'ils me causent soit mêlée d'étonnement. Le nom de Saluces me rappelait une de ces circonstances où la patrie dut son salut au dévoûment des femmes qui, toutes, se transformant en autant de guerriers, sauvèrent leur ville assiégée. Je voulus visiter les lieux où ce souvenir devenait un mobile d'intérêt plus grand pour tout ce que je devais y voir, et il ne s'y fut trouvé que des ruines, que chacune d'elles m'eût rappelé les efforts d'une amazone pour les défendre.

Saluces, adossée à une montagne, est divisée en haute et basse ville. Cette dernière excita peu ma curiosité. J'aime à rétrograder dans les siècles, on y trouve des objets de comparaison, des sujets de méditation, et par eux l'imagination et le raisonnement peuvent également se satisfaire. Sous ces rapports, la haute ville fixa davantage mon attention, et je m'aperçus à peine combien sont rudes les rues et souven les escaliers qu'il faut monter pour les parcourir. L'air qu'on y respire est excellent, la vue dont on jouit de l'esplanade et d'une infinité de maisons est superbe. On trouve dans cette haute ville une église qu'on croit bâtie du temps des Romains; le chœur surtout atteste son antiquité par sa construction et ses sculptures. On y voit le mausolée d'un marquis de Saluces mort à Naples, dans le temps qu'il y était vice-roi. Sa veuve fit transporter son corps à Saluces pour ériger ce monument à sa mémoire; elle perpétua ainsi la sienne, car l'hommage rendu à la cendre des morts trouve non seulement la récompense dans son motif, mais encore parce qu'il honore celui à qui ses sentiments en font un besoin.   .   .

On croit que cette église avait été un temple dédié à Diane. Il n'y a pas bien longtemps qu'elle était celle du couvent des Dominicains, où se trouvait l'inquisition. Je fus visiter les restes de ce couvent, qui est en partie démoli. J'y vis cependant encore le salon des jugements. Des religieux peints à la fresque sur les murailles sont revêtus de robes; leur figure cachée sous un voile noir..... Ce fut bien là l'occasion de faire le rapprochement des siècles et des choses. Je vis dans les cloîtres plusieurs sujets peints à la fresque, mais je n'avais pas assez de loisir pour tout examiner avec attention.

Au moment de ma course à Saluces, on faisait, dans tout le Piémont, un service funèbre pour le Pape [1]; j'avais déjà assisté à plusieurs, et je vis les préparatifs de celui qui devait avoir lieu dans cette ville. Je trouvai là, comme ailleurs, que l'imagination riante des Italiens leur fait adoucir tout ce qui porte une empreinte trop lugubre. Leurs catafalques ne sont point comme les nôtres, une bière qui ne rappelle à nos yeux que la partie de nous-mêmes devenue poussière. Un monument élevé, revêtu d'inscriptions sur les quatre faces, surmonté d'une urne couverte d'un crêpe noir, paraît être le point terrestre d'où l'ame a pris son essor en se dirigeant vers l'éternité. Les tentures noires sont garnies de franges en or, ce qui fait un effet bien moins sévère que le blanc ou l'argent. La beauté de la musique a quelque chose de céleste. Enfin, en Italie, on peut porter sa douleur à cette cérémonie sans éprouver de déchirement; tout y devient consolant et auguste.

Actuellement, une grande partie des habi-

---

[1] Pie VII.

tants de la haute ville l'abandonnent pour se fixer dans la basse. Je ne partage point leur goût, je ne pourrais, ce me semble, me déterminer à sacrifier la beauté de la vue et la salubrité de l'air à une plus grande facilité dans les communications.

Avant de partir, je voulus voir jouer une partie de ballon. Les habitants de ce pays aiment beaucoup ce jeu, je trouvai qu'ils y étaient très adroits. La nuit survint, je quittai Saluces, et pris la route de Scarnafiggy.

XLI.

DÉPART DU PIÉMONT.

Ma santé étant toujours languissante, je crus prudent de ne point passer un second hiver en Piémont, et pris la résolution de rentrer en France. Ce fut avec peine que je m'éloignai d'un pays où l'on m'avait comblée de prévenances et de marques d'attachement. Les regrets qu'on me témoigna sur mon départ, augmentèrent encore ceux que j'éprouvais. Il ne fallut rien moins que le besoin que j'avais d'un climat plus doux pour m'engager à repasser les Alpes.

Mon projet avait d'abord été de prendre la

route de Nice pour me rendre en Provence, mais nos courses s'étaient prolongées jusqu'en octobre. A cette époque, les voitures ne passent plus sur le col de Tende; il ne me resta qu'à me diriger sur le Mont-Cénis. Le moment des neiges approchant, je me hâtai de partir de Scarnafiggy, je passai quelques jours à Lombriasque, et je me rendis ensuite à Turin pour y faire mes visites d'adieux ainsi que mes arrangements de départ. Il eut lieu le 25 octobre 1823. J'avais passé le Mont-Cénis de jour, le 24 octobre de l'année précédente, je voulus le monter de nuit pour y voir l'effet du lever du soleil. Je pris peu de repos à Suze, et j'en partis à trois heures du matin.

On m'avait dit que je serais obligée de me servir de lanternes, mais il fit un clair de lune superbe, sa clarté rendant ma marche plus sûre, je fus délivrée de la terreur des dangers, et pus m'abandonner à la mélancolie que m'inspirait l'heure, le lieu et le souvenir de ceux dont je venais de me séparer. Ce ne fut qu'aux premiers rayons du jour que mes idées prirent une teinte moins sombre. Quel est celui dont l'imagination n'est pas frappée par les beautés d'une aurore naissante? Pour moi elle élève toujours mon ame jusqu'à son créateur; il ne me parut pas plus grand dans ces hautes régions, mais je dus me croire plus rapprochée de lui; mon corps semblait avoir pris l'élan de ma pensée. Je ne plaignis plus les habitants de ces stériles contrées; peut-on acheter trop cher le spectacle ravissant qui se présenta à mes regards; j'en jouis avec toute la plénitude de l'enthousiasme.

Le temps fut beau, le passage heureux. Arrivée à Lanslebourg, je m'y arrêtai quelques instants pour donner de mes nouvelles à ma sœur et à la marquise de Villemarine. Ce devoir d'amitié rempli, je continuai ma route, elle me conduisit au pont de Beauvoisin, où je revis ces mêmes armes de France qui m'avaient si fortement émue lorsque je les laissai derrière moi. Les temps et les circonstances n'étaient plus les mêmes, elles avaient été le sujet de mes regrets, elles devinrent celui de ma consolation, je retrouvai ma patrie.

XLII.

PIÉMONT.

Le Piémont était autrefois un pays maréca-geux, par conséquent fort malsain; les empereurs romains y envoyaient en exil.

Depuis ce temps les Bénédictins, à force de travaux et de canaux, ont opéré l'écoulement des eaux, et rendu ce pays très fertile. Actuellement, la plaine du Piémont présente à l'œil du voyageur un pays boisé, couvert de riches productions, ayant nombre de prairies dont l'irrigation à volonté rend le produit certain et embellit le paysage. Les villes, les villages, les hameaux y sont très rapprochés, et tout y annonce l'aisance dont jouit le cultivateur laborieux. Lorsqu'on arrive en Piémont par la France, et qu'on vient de passer la stérile Savoie, des monts sans culture et pour ainsi dire sans terre végétale, on se trouve satisfait de les laisser derrière soi et d'arriver comme par enchantement dans un pays qui annonce toutes les richesses, tandis que celui qu'on vient de parcourir ne montrait que misère et privations. Avec d'aussi grands avantages que présente le séjour du Piémont, il est fâcheux qu'on ne puisse y joindre celui du climat dont l'aspérité vient du rapprochement des montagnes, et l'humidité, de la quantité de rivières et de torrents qui le traversent. Ces inconvénients seraient moindres et l'on pourrait les atténuer en grande partie par de sages précautions, mais les Piémontais sont conduits par les anciennes habitudes, et, pour ne pas innover, ils se laissent atteindre par des calamités dont ils pourraient se préserver avec quelques soins dictés par la prudence.

XLIII.

CLIMAT DU PIÉMONT.

L'hiver est très rigoureux dans ce pays, on peut presque être assuré de quatre mois de neige, qui commence en décembre et qui n'est totalement fondue qu'à la fin d'avril. J'y en ai vu de trois à quatre pieds; les toits et les maisons s'écroulaient sous sa pesanteur. Pour l'empêcher, il fallait monter sur leurs faîtes, et les déblayer comme on a l'usage de déblayer les rues.

Le printemps ne fait sentir son influence que par l'humidité qu'il procure, provenant de la fonte des neiges et des pluies réitérées.

L'été commence tard et finit bientôt, on ne peut compter, au plus, que sur six semaines ou deux mois de chaleur.

L'automne est la plus belle saison, en ce qu'il est prolongé et que la température est moins variable.

XLIV.

INFLUENCE DES SAISONS SUR LA SANTÉ.

Tout ce qui se rattache à la conservation de la santé offre un intérêt si grand qu'il me sera permis, je l'espère, d'émettre quelques observations fondées sur les doctrines des professeurs dont j'ai suivi les cours.

L'hiver il y a une grande mortalité. Les personnes âgées, celles qui ont des maladies chroniques succombent à une vie sédentaire, et à quatorze ou quinze degrés et demi de froid. Les personnes jeunes sont aussi atteintes mortellement par des fluxions de poitrine et des transpirations arrêtées, ou ce qu'on appelle dans le pays *mal di costa* que je crois être fort analogue à nos pleurésies. Celles de ces dernières qui en reviennent mènent une vie languissante, parce qu'il est d'usage et de besoin, assure-t-on, de saigner le malade, dans ces cas là, jusqu'à extinction. Par ce procédé, le médecin se rend maître de la maladie, mais le malade ne l'est plus de revenir à sa force première ; il se trouve en convalescence d'une faiblesse extrême qui se termine fréquemment par une hydropisie de poitrine.

Le printemps est, selon moi, la saison la plus pernicieuse à la santé, pour les gens de tout âge, et surtout pour le malheureux étranger qui n'en connaît pas les inconvénients. Dès que les premières pluies ont cessé et que la fonte des neiges est terminée, on voit un ciel pur et serein, un soleil resplendissant; après une longue réclusion on se trouve heureux de jouir enfin des bienfaits de la nature, on sort de sa prison et l'on respire à longs traits un air qu'on croit régénérateur. Fatale illusion! c'est pour ainsi dire un venin mortel qu'on respire; il saisit la poitrine, on y éprouve une chaleur violente, elle est la preuve de l'irritation, et fait craindre l'inflammation. Le vulgaire ne se rend pas raison du motif de ces symptômes, mais si l'on réfléchit, si l'on remonte à la cause première on se repent d'avoir, par ignorance des localités du climat, commis une imprudence. De cette promenade, plaisir simple et habituel de la campagne, viennent tous les maux ressentis. A mesure que le soleil devient plus fort il fond insensiblement la neige. Étant en grande abondance, elle humecte profondément la terre; lorsqu'elle a disparu de la surface, le sable léger qui la remplace dérobe aux regards la grande masse d'humidité qu'il recouvre. Mais le soleil, par sa chaleur, a volatilisé cette humidité, ceux qui s'y trouvent exposés en sont pénétrés, ce qui fait que le promeneur qui ignore ces effets ou qui en est distrait par d'autres objets, se trouve dans une atmosphère tout-à-fait nuisible. Je ne parle que d'après mon expérience, car à la suite d'une promenade semblable j'ai éprouvé une irritation de poitrine si forte, qu'étant parvenue à la calmer un peu, je me suis éloignée de ce pays pour la guérir du délabrement où l'avait mise de pareilles souffrances.

L'été est fort court et n'a pas une grande influence, il y en a peu de très chauds. Quand cela arrive, les Piémontais en sont fort incommodés, mais l'étranger trouve qu'il vient trop tard, qu'il finit trop tôt et n'en éprouve aucune sensation pénible.

L'automne est la meilleure saison, c'est celle où peuvent le mieux se rétablir les malades. Il est tempéré, le ciel est pur, les transitions de température peu fréquentes, le sol moins humide, le soleil assez chaud. La végétation étant tardive dans ce pays, se prolonge davantage, de sorte qu'on peut encore, à cette époque, jouir des beautés de la campagne; les arbres n'y sont pas dépouillés de leurs parures. J'ai vu, à la fin de décembre et en janvier, des roses du Bengale épanouies avec une enveloppe transparente de neige se conserver ainsi très longtemps. C'est d'un effet enchanteur et difficile à décrire. Le Piémont est fort riche en beautés et en horreurs de la nature, toutes également intéressantes à l'œil du voyageur. Les champs sont, la nuit, couverts de mouches luisantes; on les croirait parsemés de diamants. Le jour on y voit les plus jolies fleurs, elles y viennent naturellement, tandis qu'elles feraient le plus grand honneur à nos jardins parisiens. Dans le sein des montagnes, il y a des grottes, des cavernes où le naturaliste trouve une infinité de choses propres à enrichir ses collections; il serait trop long de les détailler, ce qui a dû être fait dans la statistique du pays. C'est du climat du Piémont que je veux particulièrement m'occuper, ainsi que des moyens bien simples de se préserver de ses inconvénients.

Ayant classé les quatre saisons, je dois observer que dans toutes, les vapeurs humides élevées, pendant le jour, dans l'atmosphère par le soleil, se précipitent au moment de son déclin, et qu'il est alors dangereux de s'y exposer, pendant l'heure qui le précède et celle qui le suit.

Turin et ses environs sont plus sujets aux inconvénients que je viens de désigner que les pays plus élevés, à cause du voisinage du Pô, de la Doire et de la colline qui, très estimée des habitants de Turin, par le charmant coup-d'œil qu'elle leur offre, leur est cependant préjudiciable, en s'opposant au courant d'air qui les débarrasserait des brouillards du Pô et de la Doire, dont la stagnation rend la ville très humide.

XLV.

TURIN, SOUS SES RAPPORTS D'INSALUBRITÉ.

Turin, du côté de la nouvelle ville, annonce tous les avantages qui devraient la rendre salubre. Les rues sont larges, les places belles ; cependant, l'air qu'on y respire nuit à la santé. Cela tient d'abord à sa position, ensuite à un usage trop fréquent d'arrosage. Placé sur les bords du Pô et de la Doire, Turin doit nécessairement être humide. Une grande quantité de neige, séjournant sur les toits, se répandant en pluie lors du dégel, forme déjà une masse d'humidité constante, terriblement accrue par l'usage d'arroser presque journellement la ville en ouvrant les canaux de la Doire. Je conçois tout

l'avantage de ce procédé, lors des grandes cha-
leurs, au moment où il faut déblayer les neiges,
briser les glaces, s'en débarrasser, nettoyer les
rues ; mais s'entourer constamment d'une rivière, faire une île permanente de toutes les
maisons, c'est transformer en inconvénient un
avantage , c'est rendre toutes les habitations
aussi humides que des caves, c'est envelopper
les habitants d'une atmosphère où le calorique
et l'oxigène ne se trouvent plus en quantité
suffisante pour la salubrité de l'air. De là, le
défaut de sécrétion de la peau, les refoulements
de transpiration, les congestions au cerveau,
les assoupissements fréquents, les rhumatismes
et les besoins réitérés de saignées. Tous ces résultats nuisent à la longévité, mais on y compte
peu à Turin d'après le grand nombre de morts
prématurées qu'on y voit. On vous dit : Mon-
sieur un tel est mort.—De quelle maladie ?—De
vieillesse. —Quel âge avait-il ? —Soixante ans ».
—Je ne pouvais m'accoutumer à voir finir la
vie à l'époque où la vieillesse commence, et
qu'on regardât comme son terme l'âge où l'on
doit seulement avoir à craindre le développement des infirmités. D'où provient cette opinion dans le Piémont?—Du peu de personnes
qui y viennent à un âge avancé.—Pourquoi

n'y a-t-il pas plus de vieillards?—C'est que son climat présente plus d'une cause d'insalubrité et que ses habitants se livrent à toutes sans réflexion. Avec les précautions nécessaires, une nourriture et une hygiène convenables, il n'y a pas de doute que la vie ne fût plus prolongée en Piémont. Mais on s'y expose avec imprudence à tous les genres de maladie à craindre dans le pays; par leur tendance à l'inflammation, elles nécessitent des saignées qui appauvrissent le sang et laissent peu de vitalité dans l'âge avancé. Le premier hiver rude ou la moindre maladie terrassent celui qui n'a plus la force de résister.

En me trouvant à Turin, l'hiver de 1822 à 1823, ensevelie sous les glaces et les neiges, je me disais que le Piémont était la Sibérie de l'Italie. Mais ses habitants sont loin de concevoir une pareille idée. Fiers du beau climat de l'Italie, ils oublient leur rapprochement des Alpes, et bâtissent leurs hôtels et leurs châteaux comme s'ils étaient voisins de Naples. Quand on y arrive, qu'on les parcourt, ou qu'on les habite, on y est assailli par tous les vents. Ce sont de grands et beaux escaliers ne fermant de nulle part, éclairés par de grandes fenêtres qu'on laisse toujours ouvertes. Si une galerie les termine, elle est ouverte aussi. Le genre italien est de faire presque toutes les pièces en enfilade; c'est plus beau pour la représentation, mais cela donne un courant d'air, nuisible dans toutes les saisons. Les appartements sont d'une belle élévation, souvent (surtout dans les châteaux) ils sont pavés en marbre, et les peintures à la fresque y tiennent lieu de tapisseries. Ainsi, l'humidité qui se trouve dans l'air qu'on laisse librement circuler est repoussée par le marbre qui, ne la recevant pas, la refoule sur les murailles et sur les personnes qui se trouvent au milieu d'elles.

Les rhumatismes, dont la plupart sont atteintes, ne peuvent les désabuser; la force de l'habitude l'emporte sur tous conseils salutaires; elles ne veulent prendre aucune précaution contre le froid. Au reste, les individus nés dans ce pays doivent y être moins sensibles, et plus accoutumés à des inconvénients qui sont moindres pour eux, mais qui, cependant, doivent exister, car leur corps ne peut jamais être en équilibre avec les matières glacées qui les entourent. Heureusement, les murailles sont toutes bâties en briques, ce qui est moins froid que si elles l'étaient en pierres de taille.

On peut, ce me semble, allier au goût de la

magnificence italienne, des moyens sanitaires qui n'y sont point un obstacle. Quand un grand escalier est fermé par des boiseries et des vitrages, dont la partie de clôture s'ouvre à volonté, que les fenêtres et les portes de communication sont fermées hors le moment qui nécessite de les ouvrir, l'air extérieur y pénètre moins ; on a d'ailleurs la possibilité d'y placer un poêle. Les appartements grands et élevés sont un avantage en ce que l'air n'y est pas sitôt vicié que dans de plus petits et de plus bas; mais au lieu d'en ouvrir toujours portes et fenêtres, il faut avoir de doubles portes pour les fermer et de doubles châssis de vitre pour les fenêtres, avoir soin que pour leur construction les ouvriers n'emploient pas du bois trop frais, dont les pores, se resserrant avec le temps, laissent un espace par lequel l'air extérieur arrive de toute part. Pour les ouvrages déjà faits, on peut s'en garantir par l'usage des bourrelets; il est suffisant d'aérer un appartement tous les jours une ou deux heures, c'est aussi sain que les vents coulis le sont peu. Il faut, surtout en Piémont, bannir les marbres de l'intérieur des maisons, y multiplier les parquets, les boiseries et les tentures en soie qui, dans ce pays là, sont belles et en grande quantité. Généralement on commence trop tard à faire du feu dans les appartements, et l'on finit trop tôt d'en faire. Il est des personnes qui couchent tout l'hiver dans des chambres sans cheminées et qui les remplacent par de grands cylindres en fer blanc qu'on remplit de braise et qu'on referme aussitôt avec des couvercles qui ne peuvent fermer assez hermétiquement pour empêcher qu'il ne s'échappe une partie plus ou moins grande de fumée qui pourrait quelquefois produire l'asphyxie, et qui toujours est incommode et malsaine.

Une chose qui m'étonnait le plus, était de voir la haute classe, et celle dont les moyens pécuniaires pouvaient donner ceux de parer à tous ces inconvénients, s'y exposer davantage. Le peuple du Piémont, au contraire, guidé par un instinct naturel qui porte à songer à sa conservation, fait au moins ce qu'il est en son pouvoir de faire. Livré à de rudes travaux, dont les plus malsains sont les récoltes du riz et du chanvre, il a le bon esprit de laisser pendant l'hiver ses habitations humides, pour se reléguer entièrement dans ses étables; ce qui fait que la chaleur des animaux, dont il partage la demeure, remplace un foyer qu'il n'aurait pas les moyens d'alimenter par le bois, et devient même préférable comme plus soutenue, en l'entourant de murailles plus sèches que ne le sont les siennes ; sans cette sage précaution, la basse classe aurait une existence bien plus courte et serait accablée de bien plus de maladies, telles que les rhumatismes , les affections de poitrine, etc. On sait d'ailleurs que les émanations des vaches guérissent et préviennent plusieurs maladies.

Comme préservatifs du froid et de l'humidité, tous les habitants du Piémont se nourrissent de choses fortes : les épices, la cannelle surtout, abondent dans les apprêts journaliers. Les hommes, les femmes et les enfants boivent le vin sans le couper avec de l'eau. On fait grand usage de café et de liqueurs. Ces habitudes, loin de remplir l'objet qu'on se propose, ont un résultat nuisible et participent autant et plus que le climat aux maladies inflammatoires.

XLVI.

PROMENADES DE TURIN.

Turin a quatre promenades très fréquentées, ce sont les Arcades de la rue du Pô, le Jardin du Roi, les Remparts et le Valentin. Les arcades

de la rue du Pô me paraissent une promenade
mal choisie; elles se terminent près du fleuve
dont elles portent le nom. C'est constamment
un courant d'air très humide auquel on se
trouve exposé; au nord, point de soleil; du
côté du midi, il y pénètre à peine et n'arrive
pas jusqu'à vous. Cependant les femmes, avec
les toilettes les plus élégantes et les vêtements
les plus légers, ne cessent de les parcourir;
c'est la mode; mais risquer sa santé, n'est-ce pas
lui faire un trop grand sacrifice?

Le Jardin du Roi, attenant à son palais, offre
plus de ressources si l'on savait les mettre à
profit. Il est plus élevé qu'une partie du terrain
qui l'entoure, ce qui lui donne nécessairement
un bon air : il y a des allées où l'on peut jouir du
soleil, d'autres où l'on en est à couvert sans être
exposé à l'humidité. Je me suis promené avec plaisir dans tous les lieux qui m'en ont parus agréables; je fuyais une seule allée, celle par où l'on
entre au jardin, parce qu'étant, pour ainsi dire,
adossée dans toute sa longueur à la muraille du
palais, elle est privée de soleil et très humide.
Hé bien! c'est précisément l'allée à la mode,
celle où le beau monde aime à se promener;
les autres sont désertes parce qu'on craindrait
d'y être atteint par le soleil.

Les Remparts sont une jolie promenade où l'on va à pied, elle est élevée et bien exposée.

Le Valentin, où se rendent journellement les personnes qui ont un équipage, est une fort jolie promenade. On y trouve des allées, des prairies, une belle route bordant le Pô ; pour jouir de tous ces agréments sans inconvénients, il faudrait aller de bonne heure au Valentin et en partir une heure avant le déclin du soleil. A ce moment, le Pô et les prairies sont surchargés de brouillards, c'est cependant celui où il est d'usage d'aller à cette promenade. Les voitures n'arrivent qu'à la fin du jour, et les promeneurs, au lieu d'éprouver les effets salutaires d'une course qui devrait en être l'objet, ne prennent souvent que le germe d'une maladie. Quand j'en ai fait l'observation, on m'a répondu : *C'est l'usage.* N'ayant pu faire suivre mes conseils, je les ai pris pour moi-même ; j'allais de bonne heure au Valentin, il était désert ; mais que manque-t-il à une promenade quand on y a trouvé un fleuve, des ombrages et des prairies ?

XLVII.

ANTIPATHIE DES PIÉMONTAIS POUR LE SOLEIL.

L'antipathie pour le soleil est vraiment une chose bizarre en Piémont; on l'y fuit autant qu'on le recherche ailleurs. Dans les maisons de la ville qui ont l'avantage de l'exposition au midi, il serait sage après le dégel et la fonte des neiges de laisser pénétrer le soleil dans les appartements pour sécher l'humidité des murailles; mais on se garde bien d'en user ainsi. Chaque propriétaire fait faire avec soin de grands rideaux en toile très forte ; ils sont attachés au haut des fenêtres, ressortent en dehors et descendent plus bas que les balcons. De cette manière ils interceptent tout rayon du soleil, c'est ce qu'ils ont voulu, et ils s'estiment heureux s'ils y ont réussi.

Les églises, la plupart grandes et belles, et contenant beaucoup de marbres, ont aussi un grand rideau aux portes ouvertes pour les garantir du soleil. L'usage de l'y laisser pénétrei serait bien préférable à celui qu'on a de les arroser l'été, chose qui les rend encore plus humides qu'elles ne le sont habituellement. C'est, dit-on, pour qu'elles soient moins chaudes. Mais ouvrez en les fenêtres, l'air vicié sera remplacé par un meilleur, et vous n'aurez ni les inconvénients de la chaleur, ni ceux de l'humidité, bien plus dangereux lorsqu'on s'y expose après avoir parcouru des rues où la température a pu causer de la transpiration. Je ne conçois pas comment à Turin, où il y a de très bons chimistes [1], où il doit y avoir de bons physiciens, aucun n'ait pensé à démontrer à leurs concitoyens les dangers des usages adoptés et les avantages de salubrité qu'ils trouveraient à les changer.

Nota. Il y a plusieurs mois de la belle saison où le séjour de Turin est infiniment agréable ! ce sont ceux où je préfèrerais l'habiter. Mais à cette époque, la cour en est absente et toutes les personnes ayant des terres ou des campagnes, partent pour s'y rendre.

---

[1] M. Giobert, professeur de chimie à Turin, est un des meilleurs chimistes de l'Italie.

XLVIII.

DES GOÎTRES.

Les goîtres sont très communs en Piémont, cependant il n'y sont pas également répartis dans tous les cantons. Dans les uns on en voit très peu, dans d'autres davantage, et dans certains enfin, les deux tiers de la population sont atteints de cette infirmité. Les médecins n'ont pu déterminer encore la cause qui la procure, les uns l'attribuent à l'air, les autres à l'eau, je pense qu'elle tient à tous deux, et que l'humidité et la chaleur réunies de l'air, ainsi que les eaux entraînant et conservant en dissolution des principes étrangers encore mal connus, peuvent, autant que l'autre, être le principe de l'engorgement des glandes thyroïdiennes et se combiner ensemble pour en exciter le développement.

On fait usage de plusieurs remèdes, en Piémont, pour guérir les goîtres. Je les connais tous et n'en trouve aucun qui ne soit sujet à de grands inconvénients. Le symptôme de la maigreur générale qu'ils procurent, en apparence légère, n'en présente pas moins des inconvénients très graves, et prouve que ces remèdes ne bornent point leur action à l'engorgement lymphatique qui forme le goitre, mais l'étendent encore sur toute l'économie. A cet inconvénient, se joint souvent encore celui de diriger sur d'autres parties l'humeur qu'on a déplacée. De là naissent aussi des affections de poitrine, ou des embarras dans d'autres viscères. Peut-être pourrait-on concevoir l'espérance de prévenir tous ces accidents avec la précaution de remplacer par un traitement long et partagé celui qu'on fait ordinairement, et qui consiste dans l'emploi pressé, et à trop forte dose, des remèdes dont on fait usage et qui ont pour les malades l'avantage si trompeur de leur faire prendre, pour une prompte guérison, ce qui n'est qu'une disparition funeste, et pour les médecins, la satisfaction mal entendue d'avoir trop facilement répondu à leur impatience.

Ce conseil de faire un traitement qui n'amène que d'une manière lente et insensible la résolution de cette tumeur, n'est pas le seul à donner aux personnes qui en sont affectées. L'observation de la nécessité de s'éloigner des causes de toutes les maladies en général, lorsqu'elles tiennent à des influences auxquelles on peut se soustraire, commande évidemment de quitter autant que cet éloignement est possible, les lieux où cette maladie a été contractée, pour se placer sous des températures plus convenables.

Ces réflexions conduisent naturellement à parler des mesures de salubrité et de régime, que les localités permettent et qu'il serait beaucoup plus aisé qu'on ne pense de mettre en pratique, si le gouvernement ordonnait des recherches et des expériences à cet égard, et les encourageait par des récompenses et des honneurs.

Nota. Je pense qu'il serait très utile de faire à Turin un établissement où l'eau du Pô pût être filtrée sur le charbon. Ce procédé la dégagerait des principes nuisibles, et il serait possible que ce moyen atténuât la disposition du goître. Il n'y a pas de fontaines à Turin; tous les habitants sont obligés de boire l'eau des puits : ce doit être un motif de plus pour créer l'établissement que je propose. En le donnant par entreprise il ne deviendrait pas dispendieux pour la ville.

Si l'expérience de cette mesure offrait dans la capitale un résultat heureux, on pourrait la prendre dans les autres cités du Piémont.

XLIX.

CORVEIL, PAYS D'ASTI, ETC.

Il est en Piémont des contrées heureuses où l'air est pur, le ciel serein. Le sol n'en est point humide, les brouillards ne les atteignent jamais : tels sont Corveil, le pays d'Asti, etc.

Corveil est une jolie plaine, couverte de riches moissons. Son éloignement des rivières ajoute à sa salubrité; rien n'y fait obstacle aux rayons brûlants du soleil. Je pus m'y faire illusion et me croire en Provence tout le temps que j'y passai. L'air qu'on y respire est celui qui m'a paru le meilleur de tous les cantons que j'ai parcourus en Piémont. Il n'a pas l'humidité de celui des vallons, ni la vivacité de celui des montagnes; il est tempéré et propre à rétablir comme à conserver la santé; aussi les habitants ne sont-ils jamais malades.

Combien devrait être grand l'empressement de se fixer dans des lieux aussi salutaires, dans un pays où tous n'ont pas les mêmes avantages. Cependant ceux qui y ont des possessions, des habitations, les abandonnent pour le séjour de la capitale. C'est que la jeunesse y trouve des plaisirs, l'âge mur, les chances qui peuvent satisfaire l'ambition, la vieillesse, des habitudes contractées auxquelles elle ne saurait renoncer; c'est ainsi que nous abrégeons la vie, nous accusons la nature de sa briéveté, et nous ne voulons pas reconnaitre qu'elle est notre ouvrage.

L.

CONCLUSION.

On ne rendrait justice ni à mon cœur, ni à mes intentions, si l'on attribuait la sévérité de mes observations, à tout autre motif qu'à l'intérêt que je prends aux habitants du Piémont. J'aurai toujours un souvenir reconnaissant de l'accueil que j'en ai reçu; la bienveillance et j'ose presque dire l'affection que plusieurs d'entr'eux m'ont témoignée, sera toujours présente à ma pensée, et c'est le besoin d'en exprimer ma gratitude qui m'a inspiré l'idée de faire quelques remarques qui leur fussent profitables. Il est tout simple qu'accoutumés aux inconvénients de leur climat ils y soient moins sensibles qu'une étrangère, et par cela même qu'ils ne songent point à s'en garantir. Mais en leur donnant l'éveil sur les précautions à prendre, il est possible que quelques personnes les mettent en pratique, et si elles pouvaient par elles-mêmes et par leur exemple pour les autres, détourner une maladie, épargner une seule douleur, je serais trop payée du temps que j'ai donné à rédiger *mes souvenirs*. Qu'ils soient aux Piémontais la preuve que, rendue dans ma patrie, j'ai éprouvé le regret de m'être si vite éloignée de la leur, et le désir que ma visite ne fût pas pour eux dénuée de tout avantage : je n'ambitionne que celui d'avoir pu leur être utile.

FIN.